SOURIEZ, VOUS ÊTES DIVORCÉ !

À elles
et à mes enfants.
Pour s'efforcer de rire
de ce qui n'est pas
vraiment drôle.

AVANT-PROPOS

Avoir du mal à quitter sa femme et encore plus à se faire quitter (ou quand l'homme montre qu'il n'a pas toujours le courage de ses sentiments)

Quand ça se passe mal dans son mariage, un homme ne quitte pas une femme. Il attend qu'elle le quitte. À ce jeu-là, il peut attendre longtemps. Mais il arrive généralement à ses fins. Car, avouons-le tout net, nous les hommes, on a beau rouler des biceps et même des triceps, en amour, le courage, il faut se l'extirper au forceps. C'en est même pathologique.

Pour ce qui est de conquérir, ça, on est capable de toutes les audaces : lui envoyer des mots fleuris, via Interflora, dont le ridicule pourrait vous tuer si elle vous faisait le sale coup d'encadrer la carte de visite au-dessus de sa table de nuit, lui fredonner du Julio Iglesias en V.O., les yeux mi-clos et la main sur le foie comme sur les pochettes de disque, boire dans son verre une gorgée tiédasse de Coca light en faisant semblant d'adorer, bref des trucs fous pour lui plaire.

Mais quand il s'agit d'en finir, alors là on est capable de toutes les lâchetés. À commencer par la plus lâche des lâches : ne rien faire. Attendre que ça se passe et que ça casse. Les statistiques le prouvent : dans 85 % des cas, c'est la femme qui prend la décision de rompre dans un couple. Bien entendu, ce processus ne se fait pas en un jour. En amour, l'homme est toujours pressé. En désamour, la femme prend son temps. C'est tout à son honneur. Elle nous offre des chances que nous ne savons pas ou que nous ne voulons pas saisir.

Après avoir longtemps été chevalier servant, l'homme se montre plus cavalier

Les hommes s'imaginent qu'après des années de vie commune, c'est acquis pour toujours. Alors, ils commencent à négliger leur épouse. À oublier petits gestes tendres et petits mots doux. Ils en deviennent étourdis. Il y a comme une distance qui commence à s'installer généralement dès la première grossesse. Distance physique : avec son embonpoint c'est moins commode pour l'embrasser. Distance morale : échographie encadrée sur sa table de nuit, votre épouse ne vous voit plus, elle ne regarde que son ventre. Du coup, même s'il est très attendri, l'homme en conçoit souvent quelque jalousie sans vouloir se l'avouer. Il n'est plus le nombril du monde. Un sentiment qui ne s'arrange pas avec les grossesses suivantes. L'homme est souvent un grand enfant qui s'ignore.

Comme la femme procède par étapes, on peut noter des glissements progressifs du déplaisir. Il y a de la part de nos épouses tout un sémaphore de la crise annoncée que le non-initié prend pour de la gesticulation futile, une danse incantatoire, des mouvements spasmodiques dus à une déficience de la glande thyroïdienne. L'homme aurait tendance à prendre un ton bourru pour prescrire à sa femme une bonne petite cure de Prozac et comme ça on n'en parle plus. En réalité, il s'agit d'un alphabet minutieusement codé. Mais n'est pas Champollion qui veut...

Savoir prendre une assurance annulation pour son couple

Sans être spécialiste des hiéroglyphes, il y a tout de même des maris qui sentent bien que la felouque prend l'eau mais ils ne font rien pour calfater les fuites. C'est ça le capitaine courageux, il préfère toujours couler avec son bateau. Au lieu de mettre le problème sur la table du salon, il tire des plans sur la comète avec son sextant. Pour se rassurer sur l'avenir de son couple. Il essaie plusieurs manœuvres, à commencer par le coup de la maison de campagne :

— Tiens, chérie, regarde dans la page immobilière du *Nouvel Obs* la petite annonce que j'ai entourée. La maison a l'air canon. C'est si peu cher qu'il doit y avoir un vice genre l'aéroport de *Nous irons tous au paradis*. Qu'est-ce que t'en penses ?

Et là, le mari guette la réaction. Du coin de l'œil, il calcule avec la trotteuse de sa Rolex le temps qu'elle passe à rêver sur la photo. Plus de trois minutes et c'est gagné. Elle se voit déjà dans la maison à courir les brocanteurs, coudre les rideaux et se taper un repas dominical pour douze copains. Son couple est sauvable...

Le garçon plus économe ou moins en cour auprès de son banquier peut tenter une autre stratégie : débarquer un soir en vacillant sous le poids des catalogues de tour-opérateurs. Et s'écrouler au milieu du salon. Il prépare les vacances d'été. Six mois à l'avance. En fait, une autre manière de tester s'il s'inscrit dans le calendrier de l'épouse.

Si elle feuillette les pages en s'extasiant sur les titres genre « Magie envoûtante de Bali », « Sortilèges de l'Inde millénaire » ou « Farniente total à Acapulco », là encore votre couple peut être récupérable. Mais un conseil : mieux vaut tout de même prendre l'assurance-annulation et avoir un bon copain toubib. Pour le certificat médical...

Après il n'y a plus le choix, c'est manif ou grève de la faim...

Quand on se marie, il faut tout de même connaître ses statistiques : deux divorces sur trois à Paris et région parisienne. Un sur trois en province.

Des chiffres qui secouent !

Si vous habitez l'Île-de-France, il ne vous reste qu'à faire des pieds et des mains pour être muté à Hénin-Beaumont. Évidemment, il faut être terriblement amoureux de sa femme... Même sans en arriver à de telles extrémités, il faut cependant se répéter que les statistiques, ça n'arrive pas qu'aux autres. Car, brutalement, il sera trop tard. Et personne n'aura vraiment vu le coup venir. Ni vous ni elle qui ne saura trop pourquoi et même quelquefois pour qui...

Il restera au mari largué la possibilité de faire une manif, une spécialité très française : défiler avec une pancarte : « Chérie, reviens ! » S'il fait le quintal, il pourra constituer à lui tout seul le gros de la troupe ce qui faussera le communiqué de la préfecture de police toujours prête à diminuer l'ampleur d'une manif. Tenter aussi une grève de la faim sur le parvis de la cathédrale de la ville, ce qui est une autre spécialité hexagonale. En sachant que si ce n'est pas infamant, c'est tout de même très affamant...

L'homme adore ce qu'il n'a pas encore ou ce qu'il

n'a plus. Il finit toujours par se lasser de ce qu'il a. Parce qu'à force de travail, il fait vivre femme et enfants, il pense avoir rempli l'essentiel de son devoir conjugal. En matière de couple, l'homme n'a pas évolué d'un millénaire. Il en est resté à l'homme de Neandertal quand ce dernier rentrait chez lui, c'est-à-dire dans sa caverne, sa massue à la main, traînant un aurochs par les cornes, sûr que sa femme en serait folle de reconnaissance. Alors qu'il faut ensuite qu'elle se le plume, l'aurochs...

Bien sûr, j'en entends déjà qui vont sortir des exemples de couples idéaux. Des qui s'aiment depuis quarante ans sans « discontinuer ». Ce sont les exceptions réglementaires. C'est vrai, quand on y réfléchit, on en connaît tous un mais jamais plus. Les autres couples de notre entourage qui tiennent sont regonflés à coups de rustines et sont plus tristes à voir qu'une chambre à air de break Peugeot 405 faisant taxi-brousse sur les pistes du Niger ou du Mali. Et si vous voyiez l'état de leur chambre à coucher, je vous dis pas...

Dernière station d'essence avant l'autoroute...

Pour leur couple, les hommes pensent toujours avoir la vie devant eux. Et donc pouvoir en profiter pour vivre leur vie, sûrs en jaugeant leur épouse qu'ils pourront rouler des millions de kilomètres sans tomber en panne sèche d'amour simplement parce qu'un jour ils ont fait le plein d'émotions en disant « oui » devant M. le Maire. Et ce, avec dans le dos tout un tas de témoins persuadés comme eux de la pérennité de leur bonheur. À croire que l'homme qui pense ne réfléchit pas toujours en même temps qu'il pense. Sinon, il serait plus attentif...

Alors, avant de vivre le pire puisque vous avez épousé votre femme pour le meilleur, dès que ça se couvre côté météo du cœur, faites gaffe.

Prenez un crayon. Et notez. Les observations et les conseils qui suivent vous permettront peut-être de sauver votre couple. Sinon, prenez un couteau ! Mais non, n'appelez pas l'inspecteur Columbo ! Je plaisantais...

Avant la séparation, les hommes rigolent toujours.

Ensuite, beaucoup moins...

LA PRÉSÉPARATION

Elle change de coiffure (ou quand l'amour d'une femme ne tient qu'à un cheveu)

Sept heures du matin. Vous êtes branché France-Info, assis sur le lit conjugal. Elle, elle occupe la salle de bains. Elle se scrute dans la glace. Approche son visage du miroir. Recule. Se cherche de profil. Et finit par vous demander, sur un dernier regard en biais, ce que vous pensez de sa nouvelle coiffure.

Vous, vous écoutez le commentateur de service annoncer vingt mille morts dans le dernier massacre de Tutsis par les Hutus au Burundi. À moins que ce ne soit en réalité un massacre de Hutus par les Tutsis au Rwanda. Ou encore un massacre de Hutus rwandais par des Tutsis du Burundi. Vous avez un peu de mal à suivre le fil de l'Histoire qui s'écrit là-bas.

Agacée, votre épouse vient alors se camper au pied du lit, les mains sur les hanches, superbe pour ne pas dire émouvante dans son tee-shirt sous lequel pointent des seins que vous caressez d'un regard habituel. Vous voilà obligé de baisser la radio. Alors ? Comment vous trouvez sa nouvelle coiffure, hum ?

Regard énamouré et vaguement condescendant du mec revenu de toutes les guerres : ses cheveux ont dû raccourcir de... allez, si c'est deux centimètres, c'est le bout du monde. Pas de quoi louper les résultats des trois matchs de qualification comptant pour la Coupe de la Ligue des champions. Là, erreur. Très grave erreur... Dans le genre macho obtus, vous alors, vous êtes digne de figurer dans le *Guinness des records*.

C'est Hiroshima mon amour *qu'elle vous joue*

Ami malvoyant, bonjour. On va tout vous expliquer. Quand une femme commence à tripatouiller sa frange, sachez que vous pouvez vous faire des cheveux. Il y a cinquante chances sur cent pour qu'elle ait un amant en vue. Et les cinquante autres pour qu'elle en ait déjà un. À quoi bon sortir ses peintures de guerre s'il n'y a pas un *poor lonesome cow-boy* à l'horizon de son arc.

Vous l'ignorez encore mais votre vie de couple jusque-là à peu près bien sous tous rapports (même sexuels) est en train de basculer. C'est Hiroshima après les B-29, *Titanic* après l'iceberg. Un big bang interconjugal. Sauf que jusqu'à maintenant et juste avant le désastre annoncé, tout est encore ciel sans nuages, bulles de champagne et orchestre qui joue en sourdine.

Quand le mari en voit de toutes les couleurs

Maintenant, posons le problème à plat sur le lit : cinq, dix, quinze ans que votre épouse partage votre vie. Et ce n'est pas un scoop pour vous de la voir se coiffer, sauf si elle y passe de plus en plus de temps. Mais c'est un détail auquel les hommes prêtent rarement attention. Ils ont l'amour aveugle et se croient assez virils pour laisser la canne blanche au vestiaire.

Résumons donc les différentes situations : si elle se fait raccourcir le bas de nuque, il y a de l'Urgo dans l'air mais pas encore de vrai bobo. Si elle se fait faire des mèches, vous pouvez commencer à vous ronger les ongles. Mais si elle opte pour une couleur chez son coiffeur, surtout s'il y a du rouge ou du bleu dedans, alors là bouffez-vous carrément la main pour ne pas hurler et appelez immédiatement l'avocat le plus proche de votre domicile : il y a le feu.

Elle zappe de look vestimentaire (ou comment prendre une veste)

On ne saurait trop le dire : le mari doit surveiller toutes les manifestations de coquetterie de son épouse, même les plus anodines. Si soudain elle vous la joue minijupe en Lycra alors que jusque-là elle était plutôt tee-shirts Gap ou cotonnades Laura Ashley semées de pâquerettes, vous avez quelques raisons de lever un sourcil inquiet.

Si elle commence à faire des aller et retour butés entre son placard et sa glace, si aucune tenue ne trouve grâce à ses yeux, vous pouvez lever l'autre sourcil. Le miroir — vous l'aurez compris, très important le miroir chez la femme — donne un reflet exact de l'état d'esprit de votre épouse. À croire, soit dit en passant, qu'il n'y a que les miroirs qui soient fidèles dans la vie.

Bien sûr, le sketch de la garde-robe (« J' sais pas comment m'habiller, j'ai plus rien à me mettre ») est vieux comme sa première peau de bête. Mais cette gestuelle antédiluvienne peut être révélatrice quand elle concerne la séance d'habillage du matin. Avec qui va-t-elle déjeuner, voilà la bonne question à se poser. Le lui demander serait encore plus intéressant, mais ne règle rien. Des noms de collègues de bureau ou de copines d'enfance, elle en a épais comme un annuaire à vous proposer.

Attention aux sous-vêtements Petit-Bateau qui restent en cale sèche

Ne pas oublier non plus les sous-vêtements. Si elle était du genre paire de collants et culotte Petit-Bateau et que soudain elle fait des pieds et des mains auprès des copines pour se faire inviter aux soldes-presse des Folies d'Élodie, il y a lieu de s'alarmer : la grande parade de la séduction est en route. Hissez-vous sur la pointe des pieds dans la foule, vous verrez passer madame, juchée sur le char de tête du défilé.

S'il y a un amant dans les parages, vous allez très vite enrichir votre vocabulaire d'un nouveau mot très féminin : le maillot. Et ne prenez pas cet air bovin consternant. Non, il ne s'agit pas de cette pièce de tissu en cotonnade unie ou imprimée qui se fait en 70 centimètres de large pour les femmes les plus en formes jusqu'à quelques millimètres carrés pour les plus filiformes. Mais de sa doublure intérieure. En fourrure, si vous voyez ce que je veux dire.

Bon, baissez les yeux et réfléchissez au problème : on est très exactement le 17 janvier et vous ne lui avez jamais parlé de vacances au soleil. Or voilà qu'elle s'enferme trois fois par semaine dans sa salle de bains avec son bac à cire pour tailler et retailler son buisson ardent, dans le plus pur style jardin à la française. Normalement le tocsin devrait sonner à toute volée dans votre tête.

Votre épouse est tout simplement en train de vous la jouer Versailles, genre Grand Siècle. Sauf qu'elle n'est pas la Pompadour et que le roi n'est pas non plus votre cousin, sauf dépêche AFP de dernière minute dont personne n'aurait eu encore connaissance. Alors, appelez la garde. Faites engeôler votre épouse et, malgré votre sensiblerie, passez-la à la question. Ce manège incessant de moissonneuses-lieuses-batteuses qui traversent votre chambre en plein hiver mérite quelques petites explications, ne croyez-vous pas ?

Gaffe aux associations de malfaiteurs

Traquez surtout le porte-jarretelles noir. Sous ses airs anodinement coquins, cet accoutrement vestimentaire est un criminel responsable de la mort de bien des couples. Si en plus vous tombez sur un tube de Rouge Baiser dans la salle de bains, le célèbre « rouge à lèvres qui ne laisse pas de trace quand on embrasse », collez-lui direct un privé aux fesses : il y a association de malfaiteurs !

Bien sûr, votre épouse vous rétorquera que cela n'est qu'une surprise pour mettre un peu de Cayenne dans la soupe à la grimace de votre couple. Et feindra de s'indigner de votre suspicion. Proposez-lui alors d'inverser la situation : si un soir vous vous débraguettiez vous-même et exhibiez un string léopard avec ceinture élastique en peau de zèbre, ne se poserait-elle pas aussi quelques questions, non ? Normalement, à cet instant du dialogue, elle doit s'étrangler de honte avec son porte-jarretelles !

Elle s'achète un portable (ou quand l'amour ne tient plus qu'à un sans-fil)

Elle avait été pourtant catégorique le jour où vous étiez revenu, tout fier, avec votre premier portable, lequel était pourtant importable tellement il pesait lourd. À l'entendre vous morigéner, cet engin était le dernier avatar de l'économie de marché. Un truc affreusement dangereux qui, sous couvert de libérer l'homme actif, l'asservissait un peu plus en l'obligeant à répondre de ses actes professionnels à toute heure du jour et de la nuit. Une vraie bombe antipersonnel. Et, en plus, à retardement...

Démonstration le dimanche suivant, chez des amis à la campagne : l'engin avait explosé alors que vous étiez tous allongés, tranquilles, sur la pelouse. Une déflagration infernale, à faire tomber tout le monde des transats et renverser toutes les tasses de café.

C'était Hubert, votre chef de service, qui s'inquiétait de savoir si vous aviez bien préparé votre topo pour la réunion du lundi matin avec le big boss. Une réunion vachement importante, mon vieux, faudrait pas qu'on se loupe. Sinon, je saute. Et vous aussi...

Retour tonitruant en voiture : Oui, vous ne pensez qu'à vous et à votre boulot. Non, les autres, ça ne vous intéresse pas. Et, en plus, vous ne vous êtes même pas excusé. On se tait derrière, les enfants, je parle à papa !

Depuis, côté sonnerie, vous avez opté pour du Vivaldi. C'est plus soft que du Wagner, mais moins efficace : vous loupez un appel sur deux.

Elle a compris la combine du combiné

Quelle n'est donc votre surprise, quelque temps plus tard, de voir votre épouse rentrer à la maison avec un portable (d'un modèle soit-dit en passant deux fois plus léger que le vôtre). Après tous ces sermons ! Dès lors, ouvrez l'œil. Et surtout l'oreille...

Selon les dernières informations en la matière, vous devez appréhender les quatre types de comportements suivants :

– quand, à peine réveillée, votre épouse interroge déjà sa messagerie, le regard ailleurs, en tournant sa cuillère dans son café ;

– quand elle éteint son portable si vous êtes là et qu'elle le rallume dès que vous avez passé la porte. Pour l'éteindre encore précipitamment si vous faites trois pas à reculons ;

– quand elle prétexte qu'il est déchargé chaque fois que vous souhaitez le lui emprunter pour passer un appel ;

– quand, le week-end, elle ne peut plus faire faire le tour du pâté de maisons à votre chien sans l'emporter.

Ces signes extérieurs de traîtrise, les Othello du combiné ne se fatigueront pas à les guetter. Ils demanderont une facturation détaillée à France Télécom avec numéros, fréquences et heures des appels. Et pointeront...

Pour les autres, il restera la sempiternelle question quand leur petite femme chérie décroche : T'es où ?... Et là, selon les différents bruits de fond perceptibles par une oreille de mari aux aguets, elle variera dans ses réponses...

— T'es où ?

— Je n'ai pas bougé de mon bureau...

Pas rassurant pour le mari parce que sa ligne directe qu'il vient tout juste d'appeler sonnait dans le vide, vide dont on sait, depuis la découverte des lieux communs en écriture, qu'il est toujours inquiétant.

— T'es où ??

— Je déjeune avec Caroline et Ariane...

Encore moins rassurant si, voulant faire un petit baiser aux meilleures copines de sa femme, il s'entend répondre que l'une est aux toilettes et l'autre au tabac du coin.

— T'es où ???

— Je fais les magasins...

Toujours pas rassurant pour le mari surtout s'il cherche depuis deux jours sa carte Gold qu'il était sûr d'avoir laissée sur sa table de nuit.

— T'es où ????

— Dans ma voiture, je suis là dans cinq minutes...

Définitivement pas rassurant : trois quarts d'heure plus tard, à l'en croire au téléphone, sa femme est superglüée dans les embouteillages. Mais toujours à cinq minutes du domicile conjugal...

On récapitule. Il est 20 heures. La jeune fille au pair qui gardait les enfants depuis leur retour de l'école regarde sa montre. Et s'en va. Vous, vous arrivez. En regardant aussi votre montre. Et en tentant de plaquer au sol une progéniture surexcitée qui saute sur tous les fauteuils du salon. Un enfant, ça se réveille naturellement quand ça doit dormir.

Vient l'heure où vous finissez par jeter votre montre dans le sac-poubelle. Le moment précis où vous n'avez même plus envie de demander à votre petite femme où elle est...

Le portable, c'est la balise Argos des couples à la dérive. On croit savoir où on peut retrouver le naufragé. On ne sait pas dans quel état.

Elle cherche un job (ou quand le travail c'est pas la santé pour votre couple[1])

Tout à trac, votre épouse, qui se partageait jusque-là entre bambins et larbins, vous annonce qu'elle est décidée à se mettre au turbin. Oui-oui, vous avez bien entendu : elle veut gagner sa vie. Stupeur : vous tirez soudain une tronche pensive de goéland mazouté. Car vous n'avez évidemment pas oublié qu'au début de votre mariage elle vous avait expliqué, boulier chinois en main, que tout compte fait, ça vous coûterait bien plus cher qu'elle travaille. Inutile de réviser votre table de logarithmes pour piger le calcul : il suffisait de prendre les heures de la femme de ménage, ses congés payés, son treizième mois sans oublier ses repas (chaque fois, elle vous nettoie le frigo... ce qui, dans un certain sens, serait plutôt un bon point pour une femme de ménage), plus la crèche, les frais de baby-sitting, etc., c'était le double de ce qu'elle pouvait espérer gagner. En plus vous, vous alliez payer des impôts sur son SMIC !

Après cette démonstration impeccable, votre épouse

1. Chapitre à l'usage uniquement des maris dont l'épouse est mère au foyer.

s'est débrouillée pour élever sereinement les nombreux enfants que vous lui avez faits avec les moyens du bord. Le bord, c'est évidemment vous. Grâce à sa copine Hélène, elle a très vite trouvé une femme de ménage formidable, une Sri-lankaise. D'accord, Sarah ne parle pas un mot de français et vous rapporte du Mir rose vaisselle quand vous l'envoyez chercher de l'Ajax vitres à l'épicerie du coin. Mais, par ailleurs, c'est une perle : propre, rapide et surtout d'une discrétion absolue qui stupéfie votre épouse. Par exemple, elle ferme la porte chaque fois qu'elle passe l'aspirateur dans une pièce et que votre femme est au téléphone. Vous ne le croirez pas mais Sarah s'est attrapé un tennis-elbow à force de tourner les loquets...

Votre épouse a aussi trouvé une crèche avec une directrice elle aussi formidable tout près de votre domicile. Onéreux certes pour votre budget qui se ferait bien une petite cure de Slim-fast mais sans comparaison avec la crèche municipale gratuite où les enfants attrapent rhino-pharyngite sur rhino-pharyngite, à peine ils y pointent le bout du nez.

Enfin, pour le baby-sitting, grâce aux combines de votre épouse, vous êtes en train de constituer la dot de la fille des voisins qui est ravic dc garder vos monstres à domicile. D'autant qu'elle peut se taper en douce le film de TF1 ou de M6 que ses parents lui ont justement interdit de regarder ce soir-là. Cette formule est finalement pratique pour vous quand au dernier moment vous décidez de sortir voir le dernier Woody Allen sur lequel les avis de vos amis qui ne sont pas toujours vos avis sont partagés.

Le mari qui travaille d'une femme qui ne travaille pas n'a jamais rien compris

Au fil des années et au bout des comptes, votre épouse a vraiment su bien s'organiser. Vous êtes admiratif car c'est rare les personnes qui savent déléguer. En plus, ses copines, nombreuses, charmantes et tout aussi débordées, ont la discrétion de s'éclipser le soir, juste avant votre retour. Vous êtes donc HEUREUX. Maintenant, un seul conseil : quand vous pensez être en droit de lui demander un service, évitez de commencer votre phrase par ces mots : « Toi qui as le temps... » Sauf si vous êtes maso et que vous avez envie de voir votre havre de paix familial se transformer brutalement en donjon des supplices. Avec une épouse armée fouet et loquée cuir. Parce que là, vous serez servi. Il y aura même du rab. Ce sera 3615 Domina à tous les étages.

Sono à fond la caisse : vous les maris, vous ne vous rendez pas compte qu'entre l'appartement (ou la maison) et les enfants, elle n'a pas une seconde à elle. Mais oui, mais oui, monsieur, élever seule des enfants — parce que évidemment vous n'êtes jamais là —, c'est un métier à part entière. Vous êtes bien tous les mêmes, les mecs. Mais vous croyez qu'il n'y a que vous qui travaillez. Et patati, et patata. Deux heures comme ça.

Conclusion, ça va changer. Et elle vous l'annonce : maintenant qu'à la maison ça tourne et que les enfants ont un peu grandi, elle est bien décidée à se réaliser. Et à se trouver un job. Vous avez toujours pensé qu'elle était une gravure de mode figée dans son cadre et incapable d'agiter ses petites pattes. Eh bien, elle va vous démontrer le contraire...

Votre épouse hésite entre faire les boutiques et faire son cinéma

Des pistes de boulot, elle en a quelques-unes : sa copine Astrid peut lui avoir un job de vendeuse chez Dorothée bis. C'est pas formidablement payé mais il y a des avantages, comme la réduc de 30 % sur toutes les fringues...

Sinon, elle a d'autres trucs en vue : Guillaume qui bosse à la télé l'a branchée sur un casting d'AB Productions. Un rôle de prof de lycée en Seine-Saint-Denis dans un docu-vérité qui devrait faire une quotidienne de six minutes en access prime time sur FR3-Île-de-France. Les nouveaux dirigeants de la chaîne veulent faire du socio-positif. En ré-intégrant dans le vécu quotidien des Français une vision des banlieues moins caricaturale que celle propagée par les médias. Le titre : « Y a pas encore une meuf vierge à niquer dans ce bahut ou quoi ? » Enfin, c'est le titre provisoire. Sur ce point, il y a divergence entre le producteur et le réalisateur. Fidèle à ses engagements d'homme de gauche, le producteur ne veut pas prendre le risque de faire ricaner le bourgeois avec une sémantique désuète. Il serait partisan de supprimer le « ou quoi ». Pour rester sobre.

Autrement, à ce qu'elle en sait, c'est le témoignage choc d'une jeune diplômée qui en voit de toutes les couleurs avec les réalités du métissage culturel. Bien sûr, elle n'a jamais joué mais ça tombe pile. Pour accentuer le décalage du personnage tétanisé au milieu d'une population de mômes plutôt bronzés, ils cherchent une débutante qui ânonnerait son texte d'une voix blanche. Genre Bresson ou Pialat. Le kif, quoi...

Sinon, elle a encore une autre idée. Elle se verrait

bien écrire, avec un guitariste rencontré sur la plage de Bénodet l'été dernier, les paroles d'un CD de rap bigouden. La Bretagne en ce moment, ça se vend bien. Et elle a vérifié dans les bacs du Virgin Megastore : ce genre de produit ne se fait pas encore beaucoup...

Enfin bon, elle est en pleine réflexion. Ce qui est clair dans sa tête c'est qu'il faut qu'elle bouge. Et surtout qu'elle gagne de l'argent.

Ce qui travaille votre épouse, ce n'est pas le travail

Oubliez toutes ces conneries. Elle ne bossera pas chez Dorothée bis parce que ça lui coûterait dix fois plus cher en fringues que ça ne lui rapporterait. AB Productions ne fera jamais une série comme ça sauf si Jean-Luc Azoulay, le roi du scénario, victime du surmenage, ne s'attrapait un coup précoce d'Alzheimer entre les deux oreilles. Quant au rap bigouden c'est comme la salsa auvergnate, une mode d'un jour. Donc, de ce côté-là, vous êtes tranquille.

Mais ne soyez pas complètement rassuré pour autant. Ce qu'il faut retenir, c'est cette volonté nouvelle de s'assumer financièrement. Il est clair que votre épouse a déjà commencé à mettre les voiles dans sa tête et que vous n'êtes pas précisément convié à faire cabine double. C'est désormais elle qui veut tenir la barre.

Elle ne veut pas avoir quarante ans (ou comment une épouse brouillée avec les chiffres se venge sur son mari)

On ne saurait trop mettre en garde les maris contre les dangers du cap des quarante ans chez une femme. Que dis-je, un cap ? c'est une péninsule. Que dis-je... (Bon on arrête-là la tirade !). Depuis la nuit des temps, on bannit des capots de Formule 1, des dossards de jockeys ou des chambres d'hôtel ce malheureux chiffre 13 dont aucune équipe de chercheurs nobellisables n'a jamais pu démontrer la nocivité. Alors qu'en revanche, pour le chiffre 40, il y a tellement de témoignages à charge entassés dans des cartons que personne n'a encore eu le courage de les déballer.

Le cap des quarante ans, c'est en quelque sorte le cap Horn de la femme. Le passage de tous les dangers. La furie de la quarantaine rugissante. On a beau expliquer calmement à l'épouse en question que des milliards et des milliards de femmes ont traversé cette passe tumultueuse sans se croire obligées de prendre un amant comme bouée de sauvetage, c'est peine perdue. Convaincre une femme qu'elle n'a jamais été aussi belle ni aussi désirable qu'à cet âge-là et qu'on adore tout, jusqu'à ses petites rides au coin des yeux, est une entreprise si surhumaine que peu d'hommes s'y attellent. Résultat, ils y naufragent leur couple.

C'est d'ailleurs toute la différence au niveau de l'angoisse de l'âge entre l'homme et la femme laquelle a, comme d'habitude, dix ans d'avance sur lui. À quarante ans, la femme sent qu'elle peut vieillir. Et s'affole. À cinquante ans, l'homme ressent qu'il peut mourir. Et somatise. Là, il n'est même plus question de chirurgie esthétique. C'est à l'intérieur, dans les boyaux, que ça se passe. Même s'il s'ausculte des pieds à la tête jusqu'à la racine des cheveux. Avec des analyses, des scanners et des consultations de voyantes dans tous les sens. C'est généralement là que certains, au bord du suicide, se mettent à faire la sortie des pensions de jeunes filles, coursent les baby-sitters dans les couloirs et hantent les squares, les poches poisseuses de bonbons Haribo. Bref, ils font tout pour en prendre pour dix ans. De moins...

Allez voir ses films mais brûlez les posters d'Emmanuelle Béart...

Soyez donc vigilants sur le comportement de l'épouse que vous allez retrouver une nouvelle fois scotchée à sa glace. Si elle déclare vouloir se faire les lèvres d'Emmanuelle Béart qui elle-même a voulu se faire les lèvres d'on ne sait qui (et c'est réussi !), vous avez tout lieu de vous inquiéter. D'abord, ça va vous coûter cher puisque a priori c'est vous qui payez la note. Et en plus ça risque de ne rien vous rapporter du tout. Pourquoi ? Mais parce que votre épouse est tout simplement sur la ligne de départ. Et, qui plus est, en pole position. Comment voulez-vous qu'une femme qui ne s'accepte plus elle-même accepte encore son mari ?

Les femmes font la fortune des artisans-charcutiers

On ne le répétera jamais assez, le chirurgien esthétique, ce praticien qui joue aujourd'hui les bateleurs dans les dîners en ville pour rameuter de nouvelles dupes, est devenu le meilleur ennemi des femmes, sauf qu'elles ne le savent pas. Pour un artiste véritable qui sait dessiner à coups de bistouri le sourire de la Joconde, il y a dix artisans-charcutiers qui vont lui tailler les fesses façon La Goulue à Montmartre parce qu'ils sont nés manchots et non culs-de-jatte... Merci encore Léonard, bonjour Henri, et salut les filles !

Après l'opération, vous avez toutes les chances de ne pas récupérer une épouse mais un puzzle. Style hors-série « Spécial Jeux » de *Télé 7 Jours*, « Découvrez les quatre stars qui se cachent dans notre portrait-mystère ». Le nez de Catherine Deneuve, les lèvres de Julia Roberts, les seins de Laetitia Casta et le sexe de Tabatah Cash. Sauf qu'une fois sur deux, elle se retrouve avec le blair de Barbara Streisand, la bouche d'E.T., les lolos de Jane Birkin et le clito d'Amanda Lear. Cherchez l'erreur...

OK, vous balancez l'enfoiré de marchand de rêves à la répression des fraudes, ça détend. Mais en attendant, vous êtes en passe de perdre votre femme. D'ailleurs, à bien la regarder, vous n'êtes déjà plus très sûr que ce soit vraiment elle qui vous tienne mollement le bras, au sortir de la clinique.

Elle qui se trouve en pleine forme et parfaitement

réussie dans sa glace. Elle qui s'en va répétant à ses copines quand elles se retrouvent dans leur pizzeria favorite devant une assiette de tomates-mozzarella et un carpaccio, huile d'olive et parmesan : « Oh ! les filles, il faut se remuer. C'est pas après quarante ans qu'on refera notre vie. Le nouveau prince charmant, c'est maintenant ou jamais... »

Elle n'a plus rien à vous dire (ou quand un ange – pas spécialement gardien – passe)

Au début de votre mariage, votre épouse vous racontait tout.

Elle travaillait ? Vous connaissiez, au jour le jour, la vie en interne de son service. Et vous n'en croyiez pas vos oreilles : tous ces gens avaient ensemble tellement d'histoires de cœur et de cul qu'on se demandait comment ils trouvaient encore le temps de bosser. À l'instar du grand patron, tous les cadres supérieurs, les sous-chefs de service et leurs secrétaires se mélangeaient à qui mieux-mieux. Les trente-cinq heures, ils les appliquaient à la minute près. Mais ils ne comptaient pas leurs heures sup. Au meublé du coin...

Si elle était mère au foyer, vous saviez tout sur les maris des copines avec lesquelles elle avait déjeuné, les nouveaux films où il fallait aller se goinfrer d'esquimaux Haägen-Das, les boutiques où elle vous avait ruiné trois mois de salaire avec sa carte bleue. Bref, avec votre petite femme, vous ne voyiez pas le temps passer ni votre mariage vieillir.

Quand une femme en a trop à dire, elle se tait

Et puis, d'un seul coup, elle a eu de moins en moins de choses à vous raconter. Elle s'est mise à focaliser. À ne plus parler que des factures que vous aviez oublié de payer, du carnet de notes de l'aîné qui la souciait et du coryza de la petite dernière.

À croire que, dans sa boîte, il y avait eu une descente de la Mondaine et que tout le monde s'était précipitamment rhabillé pour toujours. Ou alors elle n'avait plus rien à dire précisément parce qu'elle en aurait eu trop à dire...

Ça marche aussi si votre épouse ne travaille pas. À croire que c'est tous les jours lundi pour les boutiques, relâche pour les musées nationaux et régime pour les copines qui, du coup, n'en déjeunent plus. Bref, c'est journée-ville morte à l'année. Vous commencez donc à vous poser des questions.

La nuit, au lock-out, Madame préfère la manifestation silencieuse...

D'autant plus qu'au lit, ce n'est plus tout à fait comme avant. Les câlins sont moins câlins, les nuits sont, disons, plus fraîches, ce qui est incroyable pour un mois de juin. Il n'y a plus de saison, ma bonne dame... Quand vous rentrez le soir, elle a pris l'habitude d'à peine vous effleurer la joue comme si vous étiez un vieil ami de la famille.

Ensuite, elle trouve mille prétextes pour esquiver vos baisers : vous avez repris trois fois des cuisses de grenouille à la persillade ; vous fumez trop de Boyards papier-maïs ; vous avez caressé les chiens du voisin qui s'étaient roulés dans le caniveau ; vous allez vous mettre du rouge à lèvres sur le col de votre chemise ; enfin, pour la bonne bouche si j'ose dire, une excuse si exquisement féminine qu'aucun homme n'oserait l'inventer : *vous allez lui donner envie et on n'a pas le temps...*

Trois heures plus tard, les mêmes et on recommence. Si vers 23 heures, elle étouffe un bâillement sur le canapé du salon, éternue, tousse et peut-être même gémit de douleur en se massant les lombaires, ce n'est même pas la peine de fantasmer. Madame n'est pas en état. Vous avez la nuit devant vous pour finir tranquillement le dernier Lacouture, 1 247 pages imprimées en corps 7, interlignage 2.

Si, le lendemain matin, les maux de tête, de gorge, de dos persistent, appelez SOS-Médecins. Si les symptômes s'estompent pour ne réapparaître que le lendemain soir, appelez SOS-Couples...

Elle revendique sa liberté de mouvement (ou quand elle vous joue les filles de l'air)

Faites les comptes : votre épouse ne parle plus. Votre épouse ne fait plus l'amour. Et, en plus, elle part sans vous, en week-end ou en vacances, sous mille prétextes tout aussi plausibles les uns que les autres.

La femme n'a pas son pareil pour vous inventer, par exemple, une arrière-grand-mère bretonne dont vous pensiez qu'elle était morte, incinérée et ses cendres dispersées dans le golfe du Morbihan depuis trente ans. Mais non, apparemment, elle ressuscite et il faut absolument que son arrière-petite-fille préférée fonce la soutenir à l'hôpital de Plougastel. Imaginez qu'à cent neuf ans, elle s'est cassé le col du fémur dans l'escalier de la cave en descendant chercher une bouteille de lambig millésimé pour fêter l'anniversaire de son quarante-troisième arrière-petit-enfant. Et, sur le lot, il a fallu que ce soit votre épouse qu'elle choisisse pour venir lui tenir la jambe. Du coup, la voilà disparue pendant trois jours.

Jamais votre femme n'a eu autant de copines

Et ce n'est pas tout : il y a aussi la copine de province qui surgit soudain du néant de vos souvenirs. Figurez-vous que cette Catherine était en cours élémentaire avec votre épouse et que soudain ça lui a explosé dans les neurones, vingt ans après, de rassembler à l'occasion de son anniversaire ses anciennes petites camarades de jeux, aujourd'hui dispersées dans toute la France. Pour ce faire, elle a réservé toutes les chambres d'un petit hôtel en Auvergne, se tenant ce raisonnement simple : même paumé et glacé en hiver, le Massif c'est central pour tout le monde... 150 francs en pension complète, cantal ou dessert au menu. Au programme, jeux d'hiver et fous rires divers. Manque plus que Patrick Sabatier pour la distribution des cadeaux et l'animation sur le plateau (de Millevaches). Et votre épouse de disparaître encore pendant trois jours.

Les femmes ont l'art de raconter des histoires

Alors vous vous dites : que l'arrière-grand-mère ait des moustaches, à son âge soit. Mais que la copine ait, elle aussi, un système pileux survitaminé, c'est louche. Ou alors, c'est Amélie Mauresmo. Ce qui sans doute rendrait service aux échanges de votre épouse mais serait un détestable service à rendre, en échange, à votre couple.

Cela dit, inutile de la menacer de lui casser sa raquette sur la tête, elle n'avouera jamais. En plus vous risquez de vous prendre un mauvais coup parce qu'à en juger son jeu de fond de court, l'Amélie, l'a pas l'air commode.

Les femmes ont cette force de pouvoir vous raconter sans ciller des histoires à dormir debout. Et nous, cette faiblesse de les croire, les yeux fermés. C'est pour ça qu'elles endorment si facilement les enfants le soir dans leur lit. La femme invente, l'homme tait. La femme ment par action, l'homme par omission. Non qu'il soit plus honnête. Il manque tout simplement d'imagination.

Elle tient le devant de la scène de ménage (ou quand la vie conjugale vire au théâtre de boulevard)

En sortant à minuit de chez des copains, sans crier gare, votre épouse vous rétame minable sur le trottoir. Vous avez été odieux, absolument odieux avec la fille qui vous invitait. Vous n'êtes pas sortable. D'ailleurs, elle ne sortira plus avec vous. Plus jamais. Vous lui avez mis la honte.

Éberlué, vous êtes ! L'a-t-elle bien écoutée, la Charlotte qui a passé sa soirée à bassiner tout le monde avec ses problèmes de femmes de ménage ? Pour expliquer qu'elle ne prenait que des blacks sans papiers parce que, comme ça, elle pouvait s'en payer deux à temps plein pour le prix d'une à mi-temps.

C'est là que vous lui avez juste suggéré d'essayer l'Indonésienne. D'un format plus petit que l'Africaine, elle est plus pratique. Car empilable. Avantage, elle prend moins de place. On peut en stocker un container entier dans une chambre de bonne.

Et, côté nourriture, l'Indonésienne est aussi beaucoup plus économique que l'Africaine qui vous dévaste pour déjeuner un champ de manioc entier, pire qu'un vol de sauterelles. Alors que pour l'Indonésienne, plus de trois grains de riz à la fois dans l'œsophage et c'est la trachéotomie en urgence. Même si, pour les plus robustes, deux comprimés d'Alka-Setzer peuvent suffire à soigner l'indigestion...

Voilà ce que vous lui avez dit à cette connasse qui se hausse du col gaufré parce que son mari est à peine plus que sous-chef de rayon à Monoprix. C'est ça, être odieux ? Est-ce si grave qu'elle doive faire exploser les vitres de la voiture tellement elle crie ?

Comment faire pour débrancher le son

Et votre épouse de crier encore plus fort : En plus, avec ce que vous avez bu, elle est sûre que vous allez ronfler toute la nuit. Et elle ne va pas fermer l'œil. Et les enfants ? Vous y avez pensé aux enfants ? Ils vont se jeter dans ses bras, traumatisés, sûrs qu'il y a un lion tapi dans l'appartement. Chaque fois que vous vous laissez aller à boire un petit coup de trop, c'est pareil...

Parce que vous avez bu ? Là, décompte glacial de caisse enregistreuse. Toute l'addition, elle vous la repointe en calcul mental : un whisky-Coca avant de partir, un autre en arrivant et avec Henri, vous avez descendu une bouteille de bordeaux. Et elle vous fait remarquer que Charlotte et elle n'ont bu que du Coca light. Déjà, rien qu'à voir comment vous conduisez, elle craint le pire...

Après vous être mal conduit, vous conduisez mal

À la sentir sursauter sur son siège à chaque croisement, vous êtes un chauffard qui s'ignore mais que la maréchaussée va démasquer dans les cent mètres suivants. C'est simple : vous accélérez trop, vous ne freinez pas assez, vous regardez les filles et vous ne voyez pas les flics.

Alors, là, vous vous agacez un peu. Parce que en voiture, elle aurait tout bon par hasard ? Non mais, elle l'a vue, sa Corsa ? Plus une aile, plus un clignotant, et, à l'intérieur, il y a tellement de contredanses impayées et de boîtes de Petit-Lu vides que c'est plus une bagnole mais le camping des Saintes-Maries-de-la-Mer après le pèlerinage des Gitans.

Sans compter ce graffiti sur la portière droite que vous lui avez dit cent fois de faire effacer : « Tu suce, poufiasse ? » Tu suces sans S et pouffiasse avec un seul F, elle s'étonnera après si vos enfants font des fautes d'orthographe...

Généralement, après vous avoir traité de cas social, d'inadapté mondain, de provocateur urbain ou campagnard (rayez les mentions inutiles), elle se mettra en boule dans votre lit et vous fera admirer sa chute de reins toute la nuit. Avec, griffonné au mascara sur le dos de son tee-shirt : « Défense d'approcher. »

Elle ne vous regarde plus comme avant (ou quand une femme vous voit avec les yeux du désamour)

Au fil des mois, vous vous rendez compte que le ton n'est plus au beau fixe. Finis les yeux de l'amour : maintenant c'est le regard-revolver, modèle mini-derringer de sac à main, plaquage argent et crosse de nacre. Un bijou. L'arme favorite des braqueuses de mari.

Votre épouse ajuste sa cible : pour commencer, tirs sporadiques. Puis, rafales de plus en plus régulières. Et pour finir, véritable tir de barrage. Attention, baissez-vous ! Trop tard...

Ça commence par un détail vestimentaire, autrement dit, rien. Un beau matin, votre épouse se met à critiquer votre cravate parce qu'elle serait voyante et, le lendemain, votre nouveau pull Jacquard parce qu'il ferait ringard. Pour un peu, elle vous la jouerait mégrétiste versaillaise en vous traitant de Noir endimanché.

Là, vous la poussez du coude pour vous regarder, à votre tour, dans la glace.

— Fait' excuse, m'ame : la c'avate n'est pas voyante et l' pull n'a 'ien d'ingard !

Rien de tel que l'humour noir pour dégoupiller un début de sit-com explosif. C'est du moins ce que vous croyez. Comme d'hab, dans le rôle du niaiseux de service, vous méritez un César. Les armes automatiques, vous avez oublié qu'on n'a pas besoin de les recharger après chaque tir...

Attention de ne pas en faire des kilos

C'est ensuite à votre ceinture abdominale qu'elle s'attaque. Là, elle vise bas mais elle tire plutôt juste. D'accord, vous avez pris 600 grammes. Mais ce n'est pas de votre faute. Avec tous vos problèmes au bureau en ce moment, vous sentiez que vous aviez besoin comme d'une petite overdose de glucides.

Résultat : vous vous êtes tapé trois douzaines de macarons à la pistache chez le pâtissier du coin. Et, manque de bol, le rameur du Vitatop était en panne. Conseil, rentrez le ventre et tournez la tête. Elle a dû croiser un maître-nageur affûté comme un grand squale en s'achetant un short moulant en satin chez Décathlon.

Elle en a marre d'avoir épousé un zombie (ou quand à peine descendue de son Alfa elle saute sur son Oméga)

Ras le bol de passer son temps à vous attendre tous les soirs en regardant sa montre. En plus, alors qu'elle ne veut pas dîner pour ne pas grossir, elle se cogne les fiches-cuisine de *Elle* pour vous faire plaisir. Et vous ne voulez même pas entendre parler de la fiche-minceur. Pourtant, le filet de lieu jaune au vermicelle de papaye-vapeur, Chantilly légère au fromage blanc 0 %, ça avait l'air canon. En tout cas, sur la photo.

Parce que en plus monsieur est superdifficile. Si la seule odeur d'une boîte de raviolis Buitoni lui fait pousser des boutons jusque sous les aisselles sous prétexte que ça lui rappelle la cantine, c'est grave. Après tout, vous pourriez aussi apprendre à tenir une casserole. Malgré ce qu'a pu vous inculquer votre mère, la cuisine, c'est pas un monopole de fille. Et un de ces jours, à force de vous attendre, elle va vous rendre son tablier et ses torchons.

Parce qu'elle a fait ses comptes. Écoutez bien : ces six derniers mois elle n'a pas dû vous voir plus d'un week-end sur deux. Et chaque fois une bonne excuse : un séminaire à Cannes, un salon à Lyon, des clients à démarcher dans le Dakota ou en Azerbaïdjan, tout est bon pour la laisser seule avec les enfants.

Vous n'allez pas lui faire gober qu'il n'y a personne d'autre à pouvoir y aller alors que vous êtes 632 cadres dans la boîte ? Quand vous étiez stagiaire, taillable et corvéable à merci, elle voulait bien. Mais, maintenant que vous avez des responsabilités, rien n'a changé. Vous êtes toujours le premier à l'aéroport, l'attaché-case à la main et le petit doigt sur la couture du pantalon. Elle s'est complètement gourée : elle a épousé un cadre inférieur...

Vous vous foutez du monde et surtout de vos enfants

Elle vous signale aussi que Daphné vous a réclamé toute la soirée et n'a fait que des conneries. Le psy est formel : si elle fait tout pour prendre une raclée, c'est pour attirer votre attention. Cette enfant a besoin d'un père. Mais d'un vrai. Tenez-vous bien : elle a commencé par décalquer le poster central de Leonardo DiCaprio dans *Salut les copains* sur le mur au-dessus de son lit. Au feutre noir indélébile. Ce n'est pas tout...

Elle a ensuite sauté à pieds joints sur le tube géant de Fluocaril bifluoré. Maintenant, pour entrer dans la salle de bains, il faut chausser des raquettes. Et là, vous n'allez pas rire mais elle vous le dit quand même, Daphné a aussi fait un carton sur les photos de sa sœur cadette, en jouant aux fléchettes avec votre collection de stylos à plume 1900.

C'est sûr, vous allez un de ces jours avoir un vrai problème avec elle. D'ailleurs sa maîtresse a mis un mot sur son carnet de notes : elle veut vous voir tous les deux. Mais votre épouse ne se fait pas d'illusion. Ce sera comme d'habitude, vous ne pourrez pas vous libérer. Et elle se met à minauder votre voix. « Allô, ma petite chérie, je suis désolé mais le président vient de me coller un dossier dont il veut une synthèse impérativement pour demain 8 heures... »

Après la démission du père, le licenciement du mari

Vous n'êtes même pas un père, vous n'êtes rien. Attention, elle n'a pas dit un moins que rien. Non, juste un rien. Forcément, quand vous rentrez, les enfants sont couchés. Vous pouvez bien leur donner un baiser sur le front, ça leur fait une belle jambe, ils dorment. Et quand par hasard ils ne dorment pas et vous réclament un conte, ils font des cauchemars toute la nuit. Merci encore pour l'histoire du chihuahua qui coursait les enfants dans les squares après s'être fait mordre par un loup enragé sorti du bois ! Cette nuit-là, elle n'a pas arrêté de se lever. Car vous, il n'y a que le feu à votre attaché-case pour vous faire sortir de votre lit. Monsieur travaille le lendemain...

Vous n'avez pas l'air de vous être aperçu qu'en plus d'élever les enfants, elle travaille elle aussi. Qu'entre son boulot, les enfants et les courses pour la maison, elle galope comme une folle du matin au soir. Encore heureux que son boss soit une femme qui ait adopté trois petits Cambodgiens et deux Colombiens, elle comprend la vie d'une mère de famille salariée. Tiens, vous n'avez jamais lu ce livre génial de Michèle Fitoussi, *Le Ras-le-bol des superwomen*. Elle va vous l'acheter. Peut-être qu'entre deux dossiers, monsieur trouvera le temps de le lire. Et de s'instruire...

Et encore, là, votre épouse ne parle que de boulot. Pour peu que vous soyez un champion des parties de poker du vendredi soir ou des matchs de foot du samedi soir, des sorties de pêche ou des week-ends de chasse, autant d'activités viriles dont on sait qu'elles n'admettent que les copains...

Elle marque des poings (ou quand une épouse énervée décime toute une armée)

À l'usage, on le constate, il y a deux sortes d'épouses à scènes violentes : celles qui vous jettent des mots à la figure et celles qui vous balancent les bibelots à la tête. La plus théâtrale est assurément la seconde catégorie. En plus de voler bas, ça fait plus de casse. Les mecs adorent en rigoler. Quand c'est la femme et les bibelots d'un autre.

En pleine crise, cette sentimentale incorrigible peut se précipiter sur votre vitrine de soldats de plomb, attraper une poignée de grenadiers de l'Empire — le dernier carré des braves — et vous les balancer à toute volée sur la lithographie de Leonor Fini offerte par votre mère à Noël 89 et qu'elle a toujours voulu mettre à la cave.

Plus calme mais tout aussi déterminée, elle peut aussi d'un petit coup de coude vicieux faire tomber d'une étagère votre réplique au 1/40 de l'Aston Martin DB4, une pièce de collection numérotée et rarissime que vous caressez des cils depuis l'âge de quinze ans. La femme déchaînée se venge toujours de l'homme là où il lui échappe.

Attention, vous pouvez aussi vous prendre des coups.

Car la plus menue des épouses, convenablement échauffée, vous étonnera avec ses poings. À SOS-maris battus, vous êtes capable de faire sauter le standard. Car vous aurez peur de lui faire mal quand elle a seulement peur de ne pas vous faire assez mal.

Comment peut-elle oser critiquer sa sainte femme de belle-mère ?

Scène après scène, à bout d'arguments, de soldats de plomb et d'autos miniatures, toutes les épouses en arrivent un jour à prononcer cette phrase définitive : « Tu aurais dû épouser ta mère. » Préparez-vous alors à la regarder droit dans les yeux avec un air d'ultime dégoût. Comme si, à un étal de poissonnerie, vous tombiez sur une énorme lotte dont le marchand aurait oublié d'enlever la tête[1].

Comment ose-t-elle parler ainsi de cette femme d'exception qui vous a mis au monde ? Cette belle-mère aux petits soins qui lui téléphone deux fois par jour pour avoir des nouvelles de son fils et de ses petits-enfants... D'accord, peut-être au détour d'un couloir a-t-elle chuchoté une ou deux réflexions du genre : il n'y a qu'une daltonienne mixomatosée pour acheter une barboteuse violette soutachée de vert pomme à un enfant...

— Mais tu la connais, c'est sans méchanceté aucune. Enfin, cela dit, je ne veux pas être désagréable mais sur ce coup-là, elle n'a peut-être pas complètement tort.

— Comment pas complètement tort ? Ah bon, c'est

1. Dans le sud de la France, la lotte est appelée baudroie. Mais c'est le même air d'ultime dégoût...

comme ça que tu défends ta femme ? Eh bien, tchao bonsoir !

Explosion de la porte du salon. Litho en mille morceaux par terre. Aston à la casse et soldats en pleine Berezina. Votre épouse s'est barrée. Carton plein !

Définitivement ruiné sur le canapé, les yeux rivés sur la fissure du plafond que vous n'avez jamais fait reboucher, vous vous dites que finalement pour un homme, il y a deux scénarios-catastrophes à fuir dans le mariage : quand on épouse sa mère ; et quand on ne l'épouse pas...

Elle prend ses marques
(ou quand le rouge lui monte au cou)

Quand vous rentrez, elle est le nez dans ses fourneaux. Et vous salue par un sonore et alerte « Bonsoir chéri » qui veut tout dire et rien dire. Après vous être débarrassé de votre manteau et de votre attaché-case, en bon petit mari aimant, vous allez l'embrasser. C'est alors qu'elle se dégage. Arrêtez, vous allez lui faire rater la rouille de la bouillabaisse marseillaise qu'elle vous mitonne.

Imaginez qu'elle a pris une journée sabbatique rien que pour vous réaliser ce monument de la cuisine française. Toute la matinée pour les courses. Tout l'après-midi pour la préparation . Et sans mettre le nez dehors... Vous n'en revenez pas. Tellement admiratif que vous ne pouvez vous empêcher de renifler la marmite par-dessus son épaule. Au passage, vous avez comme un petit mouvement de recul :

— C'est quoi ça, la marque rouge dans ton cou ?

Légère interruption de l'image, interlude puis réponse, toujours sans se retourner. Justement c'est drôle que vous lui en parliez. Elle a remarqué ça tout à l'heure et elle a pris rendez-vous avec sa dermato pour le lendemain après-midi. Ce n'est rien, paraît-il. Juste un début d'allergie...

— Ah bon ?

Y'a comme une arête de sa bouillabaisse qui vous reste dans la gorge

Satisfait de la réponse, vous vous écroulez devant les infos de 20 heures. Sans poser d'autres questions. Comme un goinfre qui ne pense qu'à sa soupe de poissons en oubliant que cette marque rouge a toutes les chances d'être celle d'un cinq à sept volcanique.

En accrochant votre manteau à la patère, vous avez très bien senti que son imperméable était trempé. Donc qu'elle était sortie. Donc qu'elle vous avait menti. À moins qu'il n'y ait une fuite dans le plafond de la cuisine et qu'elle fasse la bouffe en imper plutôt qu'en tablier...

Vous alors, vous savez, en Provence on vous appellerait « lou ravi ». Traduction à l'usage des Brestois, Mulhousiens et autres Honfleurais, là-bas c'est l'idiot du village. « Lou ravi », c'est celui qui va reprendre trois fois du poisson, s'étrangler avec les arêtes, empester l'ail pour finalement s'écrouler dans le lit conjugal en étouffant un rot discret. « Ravi » de sa petite femme si gentille qui lui prépare de si bons petits plats...

Ô malheureux, mais réfléchis un peu : « Lou pas ravi », lui, ne mangerait pas de ce pain-là. Même en croûtons aillés et grillés avec de la rouille par-dessus. Il sait bien qu'une femme qui s'échine une journée entière à préparer à son mari un bon petit plat après dix années de mariage a quelque chose à se reprocher. Au même titre d'ailleurs que l'homme qui d'un seul coup se ruine en fleurs ou en bijoux, sauf période de fêtes ou d'anniversaire, évidemment. Mais là, nous sommes hors sujet...

Le prince Malko aime les femmes qui aiment les serpents à sonnettes

Alors que vous êtes au lit en train de dévorer le dernier Gérard de Villiers, elle sort de la salle de bains, nue et dos au mur, éteignant frénétiquement toutes les lumières de la chambre, avant de se glisser dans le lit et après s'être cognée dans tous les meubles. Puis elle vous colle un baiser sur le nez parce que dans le noir, elle n'y voit rien. Et s'endort...

Vous ne saurez jamais si le prince Malko a fait bouffer son tchador à sa ravissante interprète irakienne attachée aux montants d'un lit en cèdre incrusté de nacre datant de l'époque ottomane pour l'empêcher de crier pendant qu'il la sodomise avec un serpent à sonnettes attrapé dans le désert l'après-midi même. Vous ne saurez jamais non plus le pourquoi de cette soudaine extinction des feux...

La chasse au salopard en rut est ouverte

Mais le lendemain matin, pendant qu'elle s'habille dans la salle de bains, vous ouvrez la porte par inadvertance. Et là, vous apercevez dans son dos deux fois cinq nettes griffures... Éberluement. Et retour à votre couette pour donner un peu de champ à votre réflexion. Pour abîmer comme ça une femme, il n'y a que deux explications : un léopard en chaleur ou un salopard en rut...

Heureusement pour « lou ravi », son épouse a une autre justification qu'il avale toute crue en la tartinant de beurre et en la trempant dans son café au lait. Voilà-t'y pas que le petit dernier qu'elle promenait la veille au jardin public shoote dans son ballon de foot. Direct dans un massif de roses... Il a fallu qu'elle se roule dans les épines pour le récupérer. C'est là qu'elle a senti sa douleur. Pas avec les Baccarat qui ont toujours eu plus de branches que de parfum mais avec les petites Papa-Meillan pourpre violacé qui ont les fragrances des jardins d'antan. Votre femme a toujours été très bonne pour les roses...

Impossible de vous mesurer à Superwoman (ou quand à force de démissionner sur les détails vous êtes licencié sur l'essentiel)

Tout ça pour en arriver à l'Acte final. Sans que vous ayez tout compris de la pièce. Désormais ce n'est plus vous l'acteur principal. Vous n'êtes plus bon qu'à faire de la figuration, genre hallebardier, vous savez, le type qui garde la porte et crie : « Halte, qui va là ? » Sauf que maintenant c'est un rôle muet. Plus personne n'entrera en scène. C'est plutôt votre épouse qui s'apprête à sortir... À force de vous en vouloir, elle en a fini par ne plus pouvoir...

Elle est géniale, Superwoman. L'argent, elle dit s'en moquer. Ce qui compte pour elle quand on l'écoute, c'est vous deux et les enfants. Tous ensemble. Profiter de la vie. Jouer à un, deux, trois, soleil à longueur de journée, même quand le ciel est gris. S'aimer et oublier le reste, c'est-à-dire les autres. Dans l'absolu elle a complètement raison, comme toujours. Sauf que ça coûte combien, jouir de la vie ?

Les comptes, on les fait quand elle veut. Les traites de l'appart, la bouffe, les fringues, la voiture, les vacances. Et l'essence qui a encore pris 10 % pendant que vous étiez penché sur votre réservoir en faisant gaffe à vos mocassins. Et les cigarettes qui ont pris aussi 10 % pendant que vous essayiez la énième méthode pour arrêter de fumer.

Et la rentrée des classes avec des enfants qui se sont encore étirés de vingt centimètres en faisant la gym sur la plage au club Mickey. Bonjour les nouveaux pulls, pantalons et paires de tennis. Quand arrive septembre, il y a des jours où vous préféreriez que les enfants marchent à côté de leurs pompes. Ils les useraient moins ! Mais non, n'appelez pas la DDASS ! Je plaisantais...

Le boulot, y a pas que ça dans la vie
mais ça compte, surtout dans les comptes...

Elle ne se rend pas compte, Superwoman. OK, elle travaille. Ça paie le gaz pour faire bouillir la marmite. Mais on ne vit pas seulement d'amour et d'eau bouillante. Sans vouloir être mesquin, la viande et les petits légumes qui permettent, plongés dans la marmite et cuits une heure et demie à feu doux avec ail, bouquet garni et un oignon piqué d'un clou de girofle, de confectionner un pot-au-feu accompagné d'une sauce tomate légèrement safranée, c'est tout de même grâce à ce que vous rapportez à la maison, non ?

Alors vous n'êtes peut-être jamais là, vous n'êtes peut-être qu'un âne qui porte son bât et qu'elle n'aurait jamais dû épouser si elle avait su, mais si vous viriez Assedic, elle la sentirait passer la différence. Vous pouvez développer le raisonnement, elle s'en fout, elle n'est déjà plus avec vous. Pour la forme, vous continuez...

Se rend-elle compte que dans votre boîte, passé trente-cinq ans, on a déjà un pied dans le troisième âge ?

La devise de vos employeurs : « *Better, cheaper and younger.* » Salaire, notes de frais, ils ont fait tous les calculs. Au moindre faux pas, ils sont prêts à installer à la place de tous les cadres qui ont dix ans de maison toute une basse-cour de jeunes coqs élevés en grande école. Les plans sont sur le bureau du P-DG. Toutes les cloisons seront cassées et on les parquera dans un vaste espace paysager avec yuccas en plastique et lumière artificielle vingt-quatre heures sur vingt-quatre.

Finies les notes de frais. Ces poulets en batterie seront nourris à coup de Pizzas Hut livrées sur commande et pondront des projets, des bilans, des business plans, des statistiques, jusqu'à ce qu'ils aient atteint la taille critique des quarante-huit mois en entreprise. Là, ils mourront étouffés avec une bouchée de Margherita à l'huile pimentée qui ne passera pas. Ou balancés dans le sanibroyeur...

Quand les idéaux s'affrontent, c'est le choc des titans...

Soyons honnêtes. Après un nombre certain d'années de mariage, il n'y a pas que le boulot pour miner un couple. La simple usure du temps, le travail de sape du quotidien y sont pour quelque chose. On ne fait plus assez d'efforts. L'un comme l'autre, on a tendance à regarder ailleurs où, comme on le sait, l'herbe est toujours plus verte et les hommes comme les femmes ont les yeux plus bleus.

D'ailleurs tous les symptômes d'adultère décrits ci-avant peuvent s'appliquer à l'homme qui a pris une maîtresse. Quand il change cinq fois de cravate devant sa glace, se fait un souci d'encre pour deux cheveux gris ou trois points noirs, planque chez lui son portable au fond de sa poche, touche vibreur enclenchée ou bien encore s'invente des dîners d'affaires jusqu'à pas d'heure, il aura beau jeu d'incriminer son épouse. D'ailleurs, il ne l'incrimine pas, il ne dit rien. Plus le couple s'effiloche, plus l'homme abandonne, moins la femme pardonne...

L'homme idéal, elle en a toujours eu une vision très claire. Autant dire apocalyptique... En se levant le matin, après avoir posé un baiser appuyé sur les lèvres de l'être aimé, ce garçon merveilleux part pour une journée bien remplie : il doit d'abord proposer à son épouse de faire du café car il est serviable, avant de se lancer dans un petit footing matinal car il est sportif, de la déposer à son bureau car il est galant, de lui offrir une nouvelle montre car il est généreux et à l'heure du déjeuner d'annuler tous ses rendez-vous pour aller visiter une exposition à la gloire du mouvement fauviste car il est cultivé.

Et c'est pas fini...

Le soir, on prend le même mari parfait et il recommence : il doit proposer de faire réciter leurs leçons aux enfants car il est bon père, d'écrire une petite lettre au piano même si son épouse ne s'appelle pas Élise car il est mélomane, de regarder sur Arte un documentaire sur les pingouins qui deviennent manchots en se prenant les ailerons dans un ventilateur car il est écologiste. Tout ça pour lui faire des triplés aux alentours de minuit car il est prolifique...

C'est vrai aussi que nous les mecs, on n'est pas en reste. On veut tout : la femme qui bosse et qui nous épate. Celle qui sait écouter nos problèmes de boulot et ne pas nous pourrir la vie avec les siens. Celle qu'on retrouve le soir, en rentrant dans une maison pimpante avec des enfants en pyjama, les courses dans le frigo, le dîner sur le feu. Et celle en prime qui a encore envie de sortir pour étrenner les fringues d'enfer qu'elle a trouvé le temps de s'acheter dans la journée. Tout en vous pardonnant, à l'heure où vous rentrez, de ne pas toujours avoir envie, de votre côté, de lui faire des triplés...

Les hommes ne souffrent pas de parler pour ne rien dire, pas les femmes...

Ne nous leurrons pas. Après des années de mariage, tous les couples ont comme des baisses de tonus amoureux. Cap des trois ans, des sept ans, des treize ans... (après on n'a plus assez de doigts pour compter et trop d'habitudes pour décompter). La différence entre la femme et l'homme, c'est qu'elle ne supporte pas ce dont lui aurait tendance à s'accommoder, à savoir un petit bonheur au jour le jour où on continue à se parler sans avoir grand-chose à se dire, à se regarder sans avoir de vraie raison de se sourire.

Alors elle envoie des rafales de fusées de détresse que les hommes regardent en général avec émerveillement embraser le ciel comme si on était le 14 Juillet sur la grande plage ou la grand-place. Ses scènes, ses récriminations, ses beuglantes silencieuses nous donnent finalement l'impression d'être encore aimés. Et nous rassurent au lieu de nous alerter.

Petit florilège de dialogue vespéral :

— J'ai la flemme de faire à dîner ce soir. On peut aller au restaurant si tu veux. Moi de toute façon, j'ai pas faim...

Ou alors :

— Je te préviens, ce soir il y a la nouvelle saga en trois épisodes d'Antenne 2. Tu rentres à l'heure que tu veux mais moi, je ne veux pas louper le premier épisode.

Ou alors encore :

— Sophie vient de m'appeler, elle ne va pas très bien, je vais la voir. T'as qu'à te servir dans le frigo, il reste du rosbif d'hier...

Et ensuite quand elle rentre et que vous avez très normalement envie de lui demander comment va Sophie parce que c'est une question qui vous a évidemment préoccupé toute la soirée :

— Sois gentil, j'ai pas envie de discuter. Je suis crevée...

Comme il fait toujours le contraire de ce qu'il doit faire, l'homme qui jusque-là n'avait jamais eu autant de dîners d'affaires ni d'entraînements de foot reste allongé des soirées entières devant la télé.

À attendre le retour de sa petite femme.

En mettant des miettes plein le lit.

Comme il ne comprend jamais rien, l'époux au bord de la crise conjugale n'en finit pas d'être tendre comme de la guimauve avec celle qui n'a déjà plus envie qu'il lui parle, encore moins qu'il la touche. Il a des mots mielleux et des gestes poisseux. Bref, il est collant. Il essaie d'enlacer sa « douce » — à vrai dire plus très douce — chaque fois qu'elle ne peut pas lui échapper. Quand elle fait la cuisine, par exemple, ou se sèche les cheveux. Jamais il ne s'est autant occupé des enfants. Même qu'il n'a plus de plis de pantalon à force de faire des Lego, à genoux sur la moquette.

Mari modèle, père modèle, imbécile modèle...

On ne peut pas dire que votre couple frise les sommets...

Sur la couche conjugale, chacun dort de son côté. À l'extrême bord du lit. En rappel pour ne pas tomber, tellement c'est escarpé. Genre camp de base sur un minuscule aplomb rocheux avec des cordes et des pitons partout. Sur la table de nuit de votre épouse, en livre de chevet, un exemplaire de *Premier de cordée*, sur la vôtre, *Annapurna premiers 8 000*. Vous, l'œil rivé sur la descente de lit, vous êtes comme pris de vertige. Le manque de souffle, sans doute ! Les hommes, on ne le sait pas assez, sont fragiles...

Il est dit que la nature a horreur du vide. La femme aussi...

Alors elle rompt. Et elle sait en finir bien mieux que l'homme. Surtout quand il y a un mec embusqué dans sa vie qui attend tous les matins auprès de son téléphone qu'elle lui annonce, sur le ton d'une conjurée, un laconique : « C'est fait. » Avant de l'entendre ajouter : « Chéri, maintenant qu'est-ce qu'on fait du corps ?... » Il ne vous reste plus qu'un espoir, comme pour ce pauvre duc de Guise assassiné à Blois : « Être plus grand mort que vivant. » Quand on ne sert plus à rien, autant être encombrant...

LA SÉPARATION

Partir en lune de fiel (ou comment on se sépare toujours dans les cris et les larmes)

Vous avez encore passé deux heures à vous engueuler. Grave. C'est toujours le soir que les couples se déchirent et la nuit qu'ils se séparent. Mais cette fois, il n'y a pas eu d'ultime réconciliation avec embrassades convulsives à la clé. Ce soir, votre épouse vous l'a demandé : elle veut vraiment que vous la laissiez seule. Juste quelque temps. Juste pour faire le point dans sa tête. Vous lui en avez tellement fait voir ces derniers temps qu'elle a les neurones qui ne connectent plus. Le grand bogue de l'an 2000 dont on avait tant parlé et qui n'est jamais arrivé, eh bien il est tombé sur elle...

Elle vous dit qu'elle a besoin de réfléchir mais c'est évidemment tout réfléchi. Sauf que ça, vous ne le savez pas encore. Nous les hommes, on a toujours beaucoup de mal à tourner la page. Les femmes, elles, n'hésitent pas : elles la déchirent...

Les femmes n'aiment pas le jeu du portrait

Dans le salon, tout le monde est en rang d'oignons et en larmes (pas la peine d'éplucher la situation, ceci n'a rien à voir avec cela). Vous, elle, mais aussi, pieds nus et en pyjama, grelottants et hagards, les enfants que vous avez fait sauter au plafond avec vos hurlements. Ils ne comprennent rien. Mais sentent qu'il y a de l'électricité dans l'air. Et surtout des courts-circuits.

Pourtant, au début de la discussion, vous l'aviez joué presque zen. Avec un air férocement détaché, vous lui aviez juste demandé qui c'était. Masque de votre épouse.

— Mais qui quoi ? De qui tu parles là ? Ça va pas la tête !

Mains qui tremblent, les Lucky Strike, elle se met à les allumer bout à bout. Côté filtre... Elle transpire le mensonge. C'est tellement flagrant que vous, l'homme le plus doux du monde, le mari le plus gentil de la planète, vous vous métamorphosez, d'un seul coup, en une immonde ordure.

Pour la faire avouer, rien de tel que les bonnes vieilles méthodes du tandem de gestapistes français Bonny et Lafon. Avec le supplice de la baignoire comme grande spécialité.

Mais vous avez beau la cuisiner et la jouer « et vlan, passe-moi l'éponge », elle résiste, la chienne.

Le connaît-t-elle depuis longtemps ? Et vous, vous le connaissez ? C'est le facteur, dis hein c'est le facteur ? Mon meilleur ami ? Réponds, on a les moyens de te faire parler. Tu le vois où ? Tu fais ça où ? Chez lui ? À l'hôtel ? Dans un parking ? À quatre pattes, sous son bureau ? Impossible de lui faire cracher un nom.

Alors, vous finissez par jeter l'éponge. Anéanti. Désespéré. Seul. Vous conjuguez le verbe « dégoûter » au présent et à toutes les personnes.

De toute façon, c'est même pas la peine qu'elle vous raconte, vous connaissez le gus par cœur. Il porte une paire de mocassins Manfield jaunes cirés comme des miroirs et des Burlington à carreaux rose pâle. Les chaussures qui brillent c'est peut-être rassurant. Ça fait le genre propre sur soi et bien ordonné dans sa tête. Avec les pompes, il y a aussi le plan d'épargne-logement. Et le Codevi, le PEA, l'assurance-décès. Elle vieillira bien assurée. Et donc, rassurée.

« Courage, fuyons », c'est le mieux que le mari ait à faire...

C'est là que vous vous apercevez qu'avec une femme, on peut critiquer son mari mais pas dire du mal de son amant. Pour le coup des Manfield et des Burlington, elle vous déteste. Dans le prompteur en bas de ses yeux, vous voyez défiler tous ses sentiments : haine, mépris, peur, etc. Vous avez joué tous les deux dans une belle histoire d'amour. Le rideau vient de tomber. Et il n'y aura pas de rappels...

À cet instant, le plus violent de votre vie de couple, l'erreur à ne pas commettre c'est de se jeter aux pieds de son épouse et de la supplier de vous laisser dormir dans le grand lit conjugal. Juste une nuit, pas plus. Genoux en terre et main sur le cœur : vous ne prendrez pas de place, vous ne la toucherez pas, vous ne ronflerez pas et surtout vous ne regarderez pas les histoires de chasse à 3 heures du matin sur TF1.

Pas la peine non plus d'essayer de l'apitoyer en la

menaçant de vous balancer par la fenêtre (vous habitez un rez-de-jardin), de dormir sous une couverture dans le bac à sable du square voisin ou encore d'aller vous pelotonner sur le siège arrière de votre voiture, avec votre attaché-case pour oreiller...

Car il a tendance à faire dans le misérabilisme, l'homme largué. En couchant à la dure, il veut croire et faire croire qu'il s'installe dans la précarité. Surtout pas dans l'éternité. Il y a de la superstition dans sa démarche : dans un mauvais lit, on touche toujours du bois, pas de la soie...

Il y a aussi une part de calcul. En annonçant qu'il va coucher sous les ponts, le mari largué essaie de faire honte à son épouse. Est-ce qu'elle se rend compte ? Dehors il fait nuit noire, le mastiff napolitain du voisin qui le hait doit rôder sur le trottoir et sa voiture est garée aux cinq cents diables. En plus, le tabac est fermé. Mais ça ne sert à rien. Dites-vous qu'à ce stade de la discussion, votre épouse est insensible à la douleur...

Dans votre sac de voyage, vous avez l'impression de transporter des pierres

Il ne vous reste plus qu'à faire vos valises. C'est-à-dire que vous jetez dans un sac de voyage une veste, deux pantalons, trois chemises, quatre paires de chaussettes et douze cravates. L'essentiel du dérisoire pour, demain, continuer à faire semblant. Et soigner la vitrine pour cacher l'arrière-boutique qui est dans les gravats.

Peu importe que vous habitiez Paris, Rennes ou Limoges, la scène vous a toujours de furieux airs d'Adieux de Fontainebleau, comme sur la peinture d'Horace Vernet où Napoléon salue ses vieux grognards avant de partir en exil à Sainte-Hélène. Manquerait plus que vous titillassiez l'oreille droite de vos enfants pour que le tableau soit complet.

La petite dernière n'en finit pas de secouer la manche de sa mère au risque de lui ruiner son pull : « Mais où il va, papa ? » À force, elle s'en prend deux. Après la crise, les cris. Et les pleurs. Mieux vaut pour vous partir.

La porte d'entrée se referme. Ça claque derrière vous, ça craque au-dedans de vous. La rue est vide. Votre tête est vide. Même votre paquet de Marlboro light est vide. En plus, vous venez de marcher dans une crotte. Toujours ce monstre de chien du voisin. Et le tabac est réellement fermé...

Aller ou ne pas aller, c'est la question. Mais surtout... où aller ? (ou comment un homme qui se croyait intelligent se retrouve tout con)

Vous montez dans votre voiture, vous démarrez et enclenchez la première. Et vous vous sentez mal. Vous n'avez même pas envie de tourner le volant tellement vous ne savez pas où aller. Là, je vous donne un truc idiot qui vous consolera éventuellement : imaginez-vous, avec ce même sac à la main mais sans voiture, en train d'attendre l'autobus. En pleine nuit...

À partir de là, plusieurs scénarios. Le premier, c'est de piler devant le premier bar venu, commander un triple J and B soda et raconter sa nuit au patron. Un mari largué doit se répéter pour s'en convaincre que les bars n'ont pas besoin de pilier : ils tiennent debout tout seuls. C'est à ce moment-là qu'un client se lève et pose son verre à côté du vôtre : « Je peux ? » Le verbe de tous les dangers. Car, statistiquement, vous avez toutes les chances de tomber sur le casse-couilles de service pour qui votre histoire n'est rien à côté de la sienne.

Attendez, attendez ! Ne le balayez pas trop vite d'un revers de la main ou d'un uppercut à la mâchoire : le bon gros malheur des autres peut faire le bonheur des uns, c'est-à-dire le vôtre. À condition que le mec en soit à sa huitième Kro. Pendant qu'il débite son spleen à la tirette, vous pensez à l'amant de votre femme.

À la réflexion, finalement, ce doit être le genre sobre comme un chameau. Peut-être même comme un dromadaire, va savoir, Charles. Le type qui, dans un troquet, commande à la cantonade un Perrier-rondelle, c'est peut-être rassurant. Au moins on sait que ce n'est pas un voyou. Il pourra ensuite la raccompagner chez elle sans brûler tous les feux rouges ni lancer un safari à la petite vieille dans le quartier.

Dormir dans le berceau de Clotilde avec son pouce dans la bouche

Le mari largué peut choisir de débarquer chez son meilleur pote de bureau parce qu'il a jugé qu'il ne fallait pas impliquer les amis du couple dans ses problèmes conjugaux. Le camarade de jeu en question vous attend en robe de chambre sur le pas de la porte, l'air grave *(mon pauvre vieux)*, vous entraîne aussi sec dans la cuisine *(on sera plus tranquille)* et débouche une bouteille de bordeaux *(dans ton état, c'est recommandé par les toubibs)*. Vous lui racontez tout : la nouvelle coiffure, le portable, les sous-vêtements affriolants, les scènes, tout ça... Vous ne levez pas les yeux de votre verre. Comme si vous parliez à vous-même. À 5 heures du matin, votre pote vous pointe le soleil. Et vous tape sur l'épaule : « Allez, va, demain il fait déjà jour »...

Sympa le copain, il vous a préparé un lit. Dès l'annonce de votre arrivée, la petite Clotilde (six ans) a été transportée, toute endormie, dans la chambre de sa sœur. Vous pouvez donc squatter son berceau. Dormir les pieds dans le vide, submergé par une avalanche de peluches que vous n'avez même pas la force d'endiguer. Avec *Barbie fait son shopping* qui vous chatouille l'oreille droite et *Bambi cherche son papa* collé à la gauche.

Vous ne fermez évidemment pas l'œil. Des bruits incessants de chasse-d'eau et de chaîne hi-fi vous donnent l'impression d'être en train de camper devant les chutes géantes d'Iguazu au beau milieu d'un troupeau de Brésiliens hystériques dansant la samba. C'est dépaysant. Pas vraiment reposant...

Les petits matins difficiles, vous allez apprendre à connaître

C'est cassé en deux que vous vous levez. Il est 7 heures du matin. Et vous hallucinez. Dans la cuisine, trois gamines en chemise de nuit qui ne sont pas vos enfants vous dévisagent, muettes, par-dessus leur bol de corn flakes. Et, dans le rôle du grille-pain de service, une femme qui n'est pas la vôtre vous accueille la main droite tendue, la main gauche pleine de toasts. Paupières baissées, elle vous met tout de suite à l'aise : son mari lui a tout dit. Elle est sincèrement désolée. Plus gentille, on meurt. Mais pas de faim en tout cas...

— Thé, café. Je vous fais griller du pain ? Voulez-vous des œufs ? Sinon, je dois avoir dans le frigo tout un assortiment de cochonnailles : jambon de Bayonne, saucisson, boudin. Avec du pain de mie pour vous faire des sandwichs...

Beurk, vous êtes tellement noué que vous regardez soudain votre tasse comme si c'était un verre de pastis 51 pur, rempli à ras bord. Vous l'avez compris, l'épouse de votre meilleur pote est alsacienne, native d'un village proche de Mulhouse dont le nom se termine évidemment en « heim ». Entre deux bouchées, vous imaginez très bien la maison familiale. Avec des géraniums rouges aux balcons, des enfants blonds en costume folklorique dans les escaliers et des rires à tous les étages. L'image de la maison du bonheur... Pourquoi d'un seul coup vous n'arrivez plus à déglutir votre hot dog à la zauerkraut mit raifort, va savoir, Karl...

L'hôtel en face de chez soi c'est une autre solution (ou comment changer de vie en changeant simplement de trottoir)

Il y a l'immense majorité des maris qui n'ont que l'hôtel. Mais lequel ? Là, vous vous apercevez que ça fait des années et des années que vous passez devant tous les hôtels de la ville. Sans jamais y prêter attention, évidemment...

Au troisième veilleur de nuit de Campanile ou Logis de France sonné en pure perte parce que hôtel complet, vous avez compris. À moins de dormir dans la voiture, vous allez direct dans un palace négocier avec le Clef d'or de service la suite royale — à cette heure-là, la seule disponible — en trois traites escomptables à quatre-vingt-dix jours. Vous faites péter le quart champagne du minibar qui va vous chignoler l'œsophage tellement il est vert et vous vous écroulez sur le lit après avoir branché la télé sur le câble, télécommande à la main.

Au lit, pour vous, le menu c'est plateau-télé

Vous zappez au hasard, histoire de changer vos idées noires pour des juste un peu grises (pour des roses, faut pas non plus demander l'impossible). Et sur quoi vous tombez ? *Love Story* en V.O. ! Et sur quelle scène ? Évidemment la dernière, c'est-à-dire la plus insoutenable. Dans les mélos comme dans la vie, on garde toujours le pire pour la fin.

Souvenez-vous du film : le lit d'hôpital. Ali Mac Graw part, en larmes, pour un voyage dont on ne revient pas. En larmes, Ryan O'Neal lui tient la main. Et vous, pour ne pas être en reste, vous êtes aussi en larmes.

Ali Mac Graw à l'article de la mort, vous au bord du suicide, à toute force, il vous faut entendre une voix. Simplement pour avoir l'impression de ne pas être seul. Mais à cette heure-là, vous ne pouvez décemment appeler personne. Sauf le portier de l'hôtel ou l'horloge parlante. Dans le doute, jouez la montre : la conversation sera plus variée. Et, au moins, vous en retirerez une info.

En y réfléchissant, les bras en croix sur le lit, la situation vous hallucine. La veille encore, vous dormiez paisiblement dans le grand lit conjugal, un modèle choisi avec votre épouse après en avoir essayé des dizaines dans le magasin en vous couchant en long, en large et en travers. Et là, d'un seul coup, vous vous retrouvez dans une chambre inconnue à quelques centaines de mètres à vol d'oiseau de chez vous. Comme si vous étiez dans une ville étrangère. Pis, comme si vous étiez un étranger dans votre vie...

Reste plus qu'à zapper jusqu'au bout de la nuit

En jouant de la télécommande, vous tombez inévitablement sur le film porno de service. Rien à faire, le spectacle de ces partouzes avec chattes à neuf queues en gros plan, vous dégoûte. Vous serrez les poings. Sur l'écran, vous ne voyez plus que l'image superposée de votre épouse dans les bras d'un homme qui ne vous ressemble pas.

À la réflexion, finalement, ce doit être le genre vieille France pendu aux branches de son arbre généalogique. Un type qui vous caresse les seins avec, au doigt, un lingot d'or à armoiries, c'est peut-être rassurant. Et très excitant d'être saillie par un étalon qui n'est autre que le propre descendant du cheval blanc d'Henri IV ?

Tout petit déjà, en classe, vous détestiez l'histoire parce que avec tous ces rois qui s'appelaient Henri ou Charles ou Louis et qui étaient ou simple ou chauve ou fainéant ou bègue ou même nu, vous vous y perdiez complètement. Mais là, la pile des Mallet-Isaac, vous la jetteriez direct dans la cheminée. Bon, maintenant, on se calme. Et on dort. Surtout bien se répéter que votre épouse ne peut être qu'une sainte femme, c'est la mère de vos enfants.

Se trouver un home le plus sweet possible (ou comment se retrouver chez soi quand on ne sait plus où on habite)

Sortir d'un mariage, c'est comme claquer la porte d'un couvent. On a la tête qui tourne un peu. Plus d'horaires ni de règles. On bute dans tous les trottoirs de la vie parce qu'on regarde en l'air à force d'insulter le ciel et qu'on pense tout le temps à rien, c'est-à-dire à Elle.

Ne vous leurrez pas. Désormais, vous allez balancer entre nostalgie et jalousie. Pendant des mois. Et même encore d'autres mois. Et peut-être d'autres mois encore... Un mouvement pendulaire qui vous mettra le cœur au bord des lèvres chaque fois que vous penserez à elle. Vous ne pourrez vous empêcher de la voir, elle, en filigrane de votre vie de tous les jours. On ne sort jamais indemne de tant d'années de mariage passées côte à côte ou même dos à dos sans que ça laisse un vidc cffrayant...

Vous reviendra en pleine figure le souvenir de votre premier dîner avec elle. Le restaurant. Les nappes blanches pour faire chic, les chandelles pour faire beau et le champagne pour faire gai. C'était réussi. Elle n'avait rien mangé, vous nous plus. On peut pas se dire des mots d'amour quand on a la bouche pleine... Quand on se dévore des yeux, de toute façon, ça nourrit son âme.

Ce soir-là, en la raccompagnant, vous n'aviez pas osé l'embrasser dans la voiture. Juste posé votre index sur ses lèvres. Et rêvé toute la nuit...

Dans le grenier de votre mémoire, tout est en vrac. Tellement en désordre que vous avez du mal à vous y retrouver. Votre femme est là, partout dans votre tête et pourtant vous ne la retrouvez pas. C'est ce qui s'appelle sans doute avoir la tête à l'envers. Vous cherchez des fulgurances de bonheur, des souvenirs privilégiés à encadrer et à mettre sur votre table de nuit. Rien ne vous vient à l'esprit. Pourtant vous savez bien qu'ils sont là quelque part, mais où ? Vous errez dans votre tête comme un homme en peine. Avec toute votre solitude sur les épaules, comme une croix. Bien sûr, votre femme vous rétorquera qu'elle est seule elle aussi. Seule d'accord, mais à deux. C'est tout de même moins lourd à porter comme solitude...

Est-ce qu'ils se disent les mêmes mots ? *Tu es la femme de ma vie... Tu m'aimes ?... Je suis bien dans ta peau... Je veux vieillir ensemble...* Bref toute cette sémantique de l'amour que vous pensiez follement romantique, merveilleusement ludique, terriblement unique. Et qui n'était qu'aussi tic que toc.

Est-ce qu'ils se font les mêmes gestes ? Est-ce que... Non, vous ne voulez même pas y penser. La seule idée déjà qu'ils puissent se tenir la main dans la rue, au restaurant en faisant attention à ne pas renverser les verres de vin et de Badoit, ou pire encore en regardant Jean-Pierre Foucault à la télé, vous est insupportable. Elle est mariée tout de même, séparée certes, mais encore mariée.

Quand il y a de la jalousie, il n'y a plus de nostalgie possible.

Refaire son nid quand on n'a plus envie de pondre, c'est dur...

Mais une nouvelle vie, c'est comme une nouvelle classe. Le premier jour, on y va en traînant les pieds. La seule chose qui en chemin porte vos pas et rend plus léger votre cartable, c'est d'avoir des livres et des cahiers neufs. Alors (dans la mesure du possible), il ne faut pas hésiter à s'offrir l'appartement de ses rêves. Un truc beau comme le stylo Parker de ses onze ans, vous savez, celui qui vous donnait des 15 sur 20 en rédaction.

Fort de ces résolutions, vous faites donc une descente dans un kiosque. Selon que vous habitez Paris ou la province, vous raflez *Figaro*, quotidiens régionaux et départementaux, *Indicateur Bertrand*, *De particulier à particulier*, *La Centrale*, tout ça... Les grandes manœuvres ont commencé.

Et là, vertige. Combien de pièces ? Une pour vous, bien sûr. Mais combien pour les enfants ? Ça prend beaucoup de place un enfant ? Ça s'empile comme les petites bonnes indonésiennes ? Autant de questions qui vous hantent et dont vous vous entretenez avec la nana de l'agence immobilière. En pure perte d'ailleurs. La fille est si mignonne qu'elle est très occupée par son patron. Mais il ne lui a encore jamais fait d'enfant...

2P-confort-30 m^2-calme ♦ Gd studio-bcp de charme-11e ss asc ♦ Adorable garçonnière-6 m^2-kitchenette ds placard à balais... Les P.A. seraient intéressantes à décrypter si vous n'étiez pas aussi à côté de vos pompes (noires les vôtres, pas jaunes...). Au bout de trois visites, vous avez tout compris. Calme veut dire rez-de-chaussée sur cour que vous visitez à la bougie, même à midi. Adorable veut dire minuscule parce que les agences partent du principe qu'un Tanagra, c'est toujours adorable. Bourré de charme, qu'il n'y a pas d'ascenseur mais des fausses poutres au plafond et des bacs à fleurs en plastique sur le balcon.

Et vous courez partout. Enquillant visite sur visite. Dix fois par jour, vous fusez comme un Scud de votre bureau. Rasant le sol, le cheveu dépassant à peine la moquette, l'imper plié en douze sous votre veste. Pour que tout le service croie que vous allez seulement au bout du couloir. Et compatisse. Le pauvre, toujours cette vacherie de tourista qui ne le lâche pas depuis son voyage en Colombie...

Après les scènes de ménage, les scènes de travail avec les ouvriers

Et vous revenez au bureau, chaque fois un peu plus abattu. D'autant plus que le dossier fusion-acquisition de la Narcotic Fund Bank of Colombia n'avance pas. Et pour cause, entre votre Ex, l'Autre et l'appart', votre tête est pleine à exploser.

Pourtant c'est une opération formidable pour votre boîte. Et c'est vous qui l'avez montée de A à Z. Vous qui êtes allé sur place à Medellin. Vous qui avez déniché cette minuscule banque, au fond d'une ruelle défoncée, pullulant de chiens galeux. D'accord, la façade ne payait pas de mine. C'était même, on peut le dire, un modèle de boîte aux lettres très ordinaire. Mais il faut voir les comptes. Incroyable, le chiffre d'affaires de cette toute petite boîte. Et des perspectives de croissance exponentielle stupéfiantes !

Impossible de laisser Don Marco Ochoa, le propriétaire, mariner plus longtemps sous peine de vous flinguer dans le monde des affaires. Si bien que, pour en finir, vous signez les yeux fermés, sans même le visiter, un adorable-2P-très-calme-bourré-de-charme. Avec juste quelques-petites-touches-de-rénovation-à-prévoir, dixit l'agence. Vous pensez en avoir terminé, mais c'est le commencement de la fin. Il faut tout refaire... Il y a du papier à fleurs partout. Orange dans le salon, bleu pâle dans la chambre et jaune pipi dans les W.-C.

Alors, au passage, vous avez une pensée émue pour votre petite femme. C'était tellement plus facile quand elle déblayait le terrain et ne vous tirait de votre bureau que pour venir entériner son choix à l'agence. Et signer le chèque. Pour vous, pas de perte de temps inutile. C'est vrai qu'elle travaillait elle aussi. Mais elle n'avait pas Don Marco comme client, elle...

Question : Pourquoi faut-il supplier au téléphone un plombier pour qu'il vienne refaire toutes les canalisations chez vous ? Au prix de l'heure de main-d'œuvre et des frais de déplacement, il va changer son plomb en or. Mais apparemment, il s'en fout. A-t-il déjà, sans vous le dire, trouvé la pierre philosophale ?

Avec les ouvriers, il y a deux meilleurs moments : quand, enfin, ils daignent commencer les travaux. Et quand, enfin, ils daignent les finir... Entre-temps, c'est rugby sur toutes les chaînes. Mêlée générale avec le contremaître et placages au sol en permanence avec les ouvriers. Personne ne court plus vite qu'un peintre qui ne veut pas travailler...

Pourquoi, quand on se sépare, c'est toujours Noël...

Les séparations, ça se passe toujours avant une fête ou un anniversaire. C'est une loi de la nature. Tout comme les enfants attrapent rougeole, varicelle ou oreillons à la veille des vacances. C'est ainsi : il faut s'y faire et survivre avec...

Le plus dur, c'est de passer un Noël seul. Sans vos enfants qui dîneront avec votre épouse chez vos beaux-parents. Sans votre propre famille que vous souhaitez dans ces circonstances-là éviter pour ne pas vous achever le moral, parce que vous auriez l'impression de retrouver votre lit d'enfant et dormir, les genoux au menton, comme chez votre pote de bureau.

Alors, le 24 au soir, tandis que chacun se hâte dans les rues illuminées, des paquets plein les bras, pour vous consoler, vous allez chez le traiteur du coin vous faire le grand jeu : une demi-langouste de Cuba mayonnaise et tranche de foie gras de canard. Vous n'avez pas trouvé plus bête comme idée...

Rentré chez vous, vous fourrez vos charentaises de paquets-cadeaux décorés de pères Noël rouges, de Nounours marron et de feuilles de buis vertes. Et vous attendez minuit. Ce qui est dur... Surtout quand on est seul et qu'on n'a rien à se dire de vraiment gai.

Heureusement il y a Drucker sur la 2 comme d'habitude depuis vingt-trois ans. Quand l'heure enfin sonne, Michel embrasse tout le monde et tout le monde embrasse Michel. Et vous, vous courez devant la glace de votre salle de bain pour avoir quelqu'un à embrasser, vous aussi. Vous vous mettez une guirlande lumineuse sur la tête, vous décollez les bras le long du corps pour faire les branches du sapin. Et vous chantez

« Ô Tannenbaum » à pleins poumons et en allemand dans le texte.

Après, c'est le rituel des cadeaux. Vous vous jetez à genoux au pied de votre petit épicéa couvert de neige artificielle. Et vous vous extasiez : C'est trop, vous n'auriez pas dû, vous vous êtes vraiment gâté. Sympa la nouvelle Swatch qui fait mobile, fax et toaster à la fois. Génial le tablier avec écrit « Je suis un gros dégueulasse qui en met partout quand je fais la cuisine ». Oh, ben alors, vous vous êtes racheté en double le requiem de Mozart, version Karl Böhm. Fallait-t-il que vous ayiez la tête à l'envers à la FNAC. C'est pas grave, vous pourrez le changer, vous avez encore le ticket...

Grâce à vous, le pharmacien refait à neuf tout son magasin

On fait tout pour reculer la nuit. On reste à son bureau pour travailler le plus tard possible. Rien que pour se donner l'illusion que c'est comme avant. Quand vous bûchiez votre dossier jusqu'à pas d'heure après lui avoir donné un coup de fil pour la prévenir de votre retard. Et un autre encore juste avant qu'elle ne s'endorme. Avec plein de mots doux chuchotés.

Votre apothicaire vous déroule le tapis rouge. Il peut ! Vous avalez chaque soir deux boîtes de Tranxène. Plus tous les matins, trois tubes de vitamine C. Plus une bouteille d'huile de ricin pour faire passer le tout. Quand vous vous regardez dans la glace, vous ne vous reconnaissez pas. Bien sûr, vous êtes toujours taillé comme une armoire. Mais pas à glace, à pharmacie...

Vous feriez à cette minute un don de sang, le transfusé ne s'en relèverait pas...

Quand on est néophyte en matière de divorce, on croit toujours que la séparation n'est qu'une mauvaise passe. Parce qu'on n'imagine pas que son épouse puisse en préférer un autre que soi. On se regarde à nouveau dans le miroir. Comment peut-t-elle en avoir trouvé un autre mieux ? Eh oui, il en est des glaces comme des cartes : elles peuvent aussi être biseautées...

Frère âne, ne vois-tu rien venir à l'horizon...

Enfin, vous êtes chez vous. Tout seul mais chez vous. Avec un lit et une télé au milieu de la pièce, les seuls meubles que vous ayez eu le temps d'acheter. Ce n'est plus une chambre, mais un peep-show. La partenaire en moins évidemment ! Et vous avez beau acheter des draps de toutes les couleurs et une télé couleur, rien n'y fait. Cafard, l'appart'... Exactement comme l'avait menti l'agence. Noir, minuscule, vue sur cour et sans ascenseur. Si petit que vos souvenirs et vos meubles ne pourront jamais passer la porte...

Le premier soir, à peine rentré chez vous, vous allumez toutes les lumières. Vous branchez la télé et la radio à plein son. Parce que vous avez pris en horreur le noir de l'appartement et les blancs de la conversation. Vous invitez plein de monde : PPDA, Mozart, les Beatles, Thierry Ardisson, Buxtehude et tous les autres qui passent par là. Ça crie, ça chante à tue-tête. C'est la fête. Vous ouvrez aussi toutes les fenêtres pour que le courant d'air fasse claquer les portes. Et que vous puissiez dire en tendant l'oreille : « Chérie, c'est toi ? Mais dis-moi, tu rentres vachement tôt ce soir ! Tu veux qu'on sorte dîner ou tu préfères qu'on regarde la télé. Il y a un super-film ! »

Et puis comme personne ne répond, vous vous asseyez en tailleur sur votre lit, le Walkman sur les oreilles. Et le téléphone sous les yeux. Priant pour qu'il sonne. Vous êtes bien parti pour réécrire *le Désert des Tartares* de Dino Buzzati.

À cette différence près que vous attendez l'amie et non l'ennemi. Mais le résultat à l'horizon est le même...

Un avantage, c'est que vous pouvez zapper comme un malade avant de vous endormir sans que votre épouse, qui a déjà éteint sa lampe de chevet, ne vous arrache des mains la télécommande, la jette dans la cuvette des W.-C. Et tire la chasse...

Mais, vous voulez que je vous dise, pour un homme, hormis la douleur de la séparation, un des vrais problèmes du divorce dont on ne parle pas assez, c'est comment faire pour accrocher au mur un tableau quand on est tout seul. Tenir le cadre à bout de bras tout en reculant de trois pas pour jauger s'il est trop haut ou trop bas, trop à droite ou trop à gauche...

Où est-elle ? Que fait-elle ? Qui est-il ? Telles sont les autres questions (ou comment après *Hamlet*, jouer *Othello*)

Où que vous soyez — hôtel, copain, famille —, il faut savoir que, la première nuit, vous ne dormirez pas. À moins évidemment d'avoir braqué une pharmacie et bourré tous les soufflets de votre sac de voyage de barrettes de Lexomil. Allongé sur un lit deux fois trop grand ou deux fois trop petit pour vous, les yeux grands ouverts, vous ne pensez qu'à votre petite famille.

Sûr que les enfants dorment à poings fermés, leur doudou blotti contre eux. Leur maman a dû prendre sa voix la plus douce pour leur expliquer des choses qu'ils ont fait semblant de comprendre parce qu'ils ne peuvent pas les comprendre. Elle a dû les rassurer sur leurs lendemains concernant leur argent de poche, les vacances au bord de la mer et la console Playstation qu'ils trouveront dans leurs souliers à Noël. Quand les enfants ne saisissent pas tout, ils se raccrochent aux valeurs simples, c'est-à-dire à ce que les banquiers appellent les valeurs sûres. Ce qui est merveilleux avec les enfants, c'est leur faculté insigne de pouvoir être égoïstes sans complexe. Et c'est, somme toute, la pire des honnêtetés.

Et elle ? Dort-elle ? Se repasse-t-elle dans la tête le

film des événements sur l'écran blanc du plafond ? Se demande-t-elle si elle y a été trop fort ? Se dit-elle qu'elle n'aurait pas dû ? Est-elle en train de se limer un ongle qu'elle s'est cassé en composant le numéro de téléphone de sa mère ? Car il faut savoir que toutes les femmes appellent leur mère après la grande scène de ménage finale. Pour les aider à donner le coup d'aspirateur qui nettoie la poussière des sentiments.

Votre épouse est restée pendue toute la soirée au téléphone mais les toubibs pensent qu'elle s'en sortira...

Que votre belle-mère vous aime ou vous déteste, elle commencera toujours par prêcher la prudence. Sur le thème « Surtout pas de précipitation, ma fille... Ne te mets pas dans ton tort, ma fille... Appelle un avocat dès demain, ma fille... » Votre beau-père a dû lui aussi en rajouter dans le registre de la prudence parce que les parents sont toujours pour l'ordre établi. Quand il n'y a plus de *pax familia*, ils y perdent leur latin.

Malgré l'heure, votre épouse n'a sûrement pas pu s'empêcher d'appeler sa meilleure amie qui s'appelle Judith, Marie ou Caroline. Vous entendez d'ici les vociférations du mari dans l'oreiller parce que la sonnerie les a fait tomber de leur lit. Et Judith, Marie ou Caroline a chuchoté dans le téléphone qu'elle « allait prendre » dans le salon...

Ensuite, deux heures de monologue de votre épouse, tout juste entrecoupées de quelques exclamations de sa meilleure amie. Pour se justifier, elle a dû faire l'inventaire de tous vos défauts, assurer que vous lui en aviez fait voir de toutes les douleurs et que non, définitivement, ce n'était plus tenable... Pour se donner beau rôle et bonne conscience.

Dans votre histoire, les cadavres ne portent pas de costard mais des monokinis

Sûr qu'elle a dû ressortir cette vieille histoire de liaison d'un soir avec une fille rencontrée au Club Méd. Aux dires de votre épouse, une pouffiasse ignoble de vulgarité dont personne n'aurait voulu, même pas les sans-papiers maliens d'un foyer de la Sonacotra privés de sexe depuis des mois. Traduction : une bombe de 90-60-85 qui avait le tort de ressembler plus à Pamela Anderson qu'à Mère Teresa. C'était simple, quand elle descendait sur la plage en monokini, les types en tressautaient sur leurs transats, éructant et bavant comme des bouledogues en rut. Il fallait leur jeter des seaux d'eau de mer pour les calmer.

Comme les autres hommes, vous n'y étiez pas insensible. Vous ne la laissiez pas non plus indifférente. À preuve, entre deux danses en boîte de nuit, elle vous avait glissé son numéro de téléphone. À votre retour en France, vous l'aviez appelée. Et revue. Un après-midi. À l'hôtel. Une seule fois.

L'histoire, dès le lendemain, vous l'aviez oubliée. Pas votre épouse. Parce qu'elle avait retrouvé dans la poche de votre veste une boîte d'allumettes prise sur la table de nuit de l'hôtel. Réflexe de fumeur... La SEITA a raison de faire des mises en garde sur ses paquets de cigarettes : « Nuit gravement à la santé des couples. » Comme tous les maris pris en flagrant délit, vous aviez si mal menti qu'il vous avait fallu dire la vérité.

Cette histoire, ce n'était que péché véniel pour vous. Mais, pour votre épouse, un péché mortel. À chaque dispute, elle vous ressortait cette fille du placard. Un vieux cadavre qui n'en finissait pas de se putréfier.

Les hommes se croient tout permis pour les écarts de conduite mais y laissent des points

Entre les hommes et les femmes, mis à part bien sûr quelques détails vestimentaires, il y a une grande différence : l'approche des choses du sexe. Pour les femmes, l'amour est un tout indivisible, un corps-à-cœur avec fidélité totale à la clé. Une position tellement exclusive que, préférant un futur hypothétique... à un passé incertain, le jour où elles prennent un amant, elles se croient obligées de tout faire exploser dans leur couple sous prétexte qu'elles sont tombées sur une bombe sexuelle. Une question de choix qui n'obéit pas toujours à la raison.

Pour beaucoup d'hommes, en revanche, il y a une césure viscéralement naturelle entre le cœur et le sexe, ces deux organes qui se situent respectivement au-dessus et au-dessous de la ceinture. Autrement dit, entre le haut et les bas. Surtout s'ils sont à résille.

Même très amoureux de leur épouse, ils pensent qu'une banale histoire entre deux portes ne remettra jamais leur couple en cause. À condition évidemment qu'aucune porte ne soit restée entrouverte et que la parenthèse reste confidentielle. Pour eux, l'adultère est un mot bien pompeux pour qualifier un petit moment de laisser-aller. Un simple dérapage sur le bas-côté tout de suite corrigé. Mais sans doute les hommes ont-ils tort sur leurs écarts de conduite. On commence par une partie de pattes en l'air. Après, on a la tête en l'air. Et on finit par se foutre le cœur en l'air.

C'est le message que les femmes nous rappellent. Et voilà pourquoi, au final de sa conversation avec sa copine au téléphone, votre épouse rend son jugement sans appel : vous êtes le dernier des derniers. Et l'Autre est élu nouveau jeune premier...

Le plus dur, c'est qu'un autre soit devenu vous

Celui-là aussi, c'est évident qu'elle l'a appelé. Peut-être même avant sa mère, son père et sa meilleure amie. Elle a dû lui faire un rapport circonstancié. Vos questions, ses explications. Vos réactions, ses gesticulations. Vos supplications, sa décision. Bref, toutes ces saletés d'ions négatifs qui ont pourri définitivement l'atmosphère de cette soirée maudite.

Et là, c'est sans doute ce qui fait le plus mal. Quand la séparation vous a comme un air de trahison. Savoir qu'elle vous raconte à un autre. Que tous les deux, ils analysent et commentent toutes vos paroles et vos actes. En parlant de vous à la troisième personne. Qu'ils dissèquent votre comportement. Font le tri de vos qualités et surtout de vos défauts. Bref qu'ils vous dépiautent comme si vous étiez un gigantesque filet de rouget. En chipotant, du bout de la fourchette, la moindre arête.

C'est comme si on vous déshabillait les sentiments et qu'on vous mettait l'âme à nu devant tout le monde, c'est-à-dire n'importe qui. Finalement, le plus terrible, c'est de sentir que vous n'êtes plus celui à qui elle racontait les autres mais que vous êtes devenu un parmi les autres. En un mot, qu'elle ne vous aime plus et qu'elle en aime un autre.

Se lancer dans le harcèlement téléphonique (ou quand vous devenez un dangereux maniaque du combiné)

Le désespoir version jazzy, c'est se passer plein tube « Dites-moi qu'elle est partie pour un autre que moi » de Jonasz, touche replay enclenchée. Au bout de trente-trois fois 2 minutes 59 de ce morceau, vous n'êtes guère plus renseigné : vous ne savez toujours pas si elle s'est barrée à cause de vous ou pour un autre que vous. Mais vous êtes sûr que la masturbation intellectuelle rend sourd.

Pour la version classique du désespoir postconjugal, le concerto pour deux mandolines, deux théorbes, deux flûtes, deux « salmo », deux violons et violoncelle de Vivaldi est recommandé. Il faut dire que l'*andante* est tellement déchirant que vous n'avez qu'une envie : prendre le premier aller simple pour Venise et vous jeter du haut du pont du Rialto. (Généralement, vous êtes sauvé par la grève des pilotes d'Air France ou des agents au sol de l'aéroport le plus proche de votre domicile.)

Si vous êtes encore vivant pour revenir en deuxième semaine — et là, un grand merci à Air France —, vous pouvez aussi vous faire le Sanctus du Requiem de Fauré, version Michel Corboz. Là, vous n'avez plus besoin de passeport. Vous vous moquez des grèves. Vous mourez sur place. Un inconvénient majeur : en choisissant cette dernière option, vous n'obtiendrez aucun point supplémentaire pour votre carte de fidélité Fréquence Plus.

Dans le doute, vérifiez que vous vous êtes bien mis aux abonnés présents...

Jamais vous n'avez entendu un téléphone aussi muet. À tel point que, toutes les cinq minutes, vous arrachez votre casque, persuadé qu'il a sonné. Pour un peu, vous feriez le 13. On oublie toujours qu'en amour comme en affaires, le coup de fil tant attendu n'arrive jamais quand on l'attend tant...

Au comble du désarroi, vous faites exploser le cours de l'action Darty en dépensant un max pour changer votre téléphone Philips pour un Siemens, votre Panasonic pour un Nokia, votre Ericsson pour un Sony. Vous harcelez aussi les agents de France Télécom pour qu'ils viennent réparer la ligne. Rien n'y fait. Votre téléphone ne sonne toujours pas.

Évidemment, vous mourez d'envie de l'appeler. Vous regardez votre montre. À cette heure-là, où peut-elle bien être ? Pas avec les enfants, ils sont couchés. Peut-être au ciné avec une copine ? Et si elle était avec son amant ?...

À la réflexion, finalement, ce doit être le genre très brun et très velu. On la sent qui se fait déjà son film : la montagne de poils qui l'attrape à bras-le-corps et qui la monte, en varappe, tout en haut de l'Empire State Building. Un type très viril c'est peut-être rassurant. Seul problème, quand elle lui passe la main dans le dos, elle ne doit jamais savoir si elle lui caresse la tête ou les fesses.

Rien que d'y penser, vous regardez le téléphone comme si c'était un scorpion géant, le dard en l'air. Vous le balancez à l'autre bout de votre piaule. Et vous vous resservez un bon petit coup de Vivaldi. Comme l'*andante*, l'*allegro vivace* n'est pas mal du tout. C'est-à-dire qu'il vous crame bien le moral...

Malgré vos bonnes résolutions, vous allez finir par l'appeler. Dans ce cas, un conseil : jamais après 20h 30. Parce que là, c'est une voix la plupart du temps étrangère qui vous répondra : « Madame ? Elle is out. What ? I don't comprends... »

En une seconde, comme dans un cauchemar, vous l'imaginez dans l'ascenseur laissant dans la cabine un sillage de Guerlain ou d'Issey Miyaké. Elle a pris un bain. Pour lui. Elle s'est frictionnée de lotions adoucissantes. Pour lui. Maquillée, surtout les yeux, peut-être même un peu trop. Pour lui. Et elle est sortie, en toute hâte, dès qu'il l'a appelée de sa voiture, embrassant à peine les enfants dans leur lit. Et promettant à la baby-sitter qu'elle serait rentrée avant minuit.

Vous voulez que je vous dise, pour un homme, hormis la douleur de la séparation, un des vrais problèmes du divorce, dont on ne parle pas assez, c'est de tomber chaque fois qu'il appelle son ex sur une baby-sitter tonkinoise ou cap-verdienne qui est en train de finir le paquet de chips du dîner des enfants tout en regardant Julien Courbet sur TF1 et vous répond au téléphone dans un français aussi approximatif que son anglais...

De son côté, elle est une abonnée qui a quelques absences

Le plus dur, c'est de devenir, du jour au lendemain, un étranger dans son propre couple. Il faut vous y faire : vous n'êtes plus le premier dans sa vie ni dans son cœur. Cela commence par son téléphone. Vous avez beau vous pendre à son R2, elle n'en a rien à cirer, Édith. Elle continue, imperturbable, à téléphoner à son amant lequel, visiblement, n'a rien d'autre à faire de la journée que de lui répondre. Alors qu'autrefois elle se serait précipitée sur le double appel des fois que ce serait vous.

Pis encore : elle vous prend en ligne — mais pour vous demander de la rappeler d'ici... disons... une demi-heure, OK ? De même, si vous laissez votre nom sur sa messagerie, elle met un après-midi à vous rappeler. Sinon plus. Et ne vous avertit même plus quand elle s'absente plus d'un jour, sauf si elle a besoin de vous pour garder les enfants... Bref, vous faites la queue comme tout le monde, ce qui est un truc abominé par n'importe quel Français moyen, au supermarché, à la Sécu, comme dans son mariage. Et là, vous vous sentez très représentatif de l'échantillonnage du panel.

C'est une spécialité très masculine, le harcèlement téléphonique. En appelant dix fois par jour, l'homme a l'impression que son épouse fait toujours partie de sa vie. À partir du moment où elle répond, évidemment. Et là, il décrypte la bande comme s'il était un agent des R.G. Il guette la moindre inflexion de voix, le plus fluet des soupirs. Il note la longueur de la communication. Et le mot de la fin qu'elle prononce.

Au fond, le fil du téléphone, c'est le dernier lien qui

le rattache à elle. Alors il en abuse. Et il prend une petite voix bien geignarde propre à faire fondre la plus réfrigérée des épouses. Mais, au fil des coups de fil, il ne réussit qu'à l'exaspérer. En fait, il cherche la modulation juste pour lui parler, un ton quelque part entre intimité et badinage. Mais c'est toujours difficile d'être après avoir été. Alors parler après avoir parlé, je vous dis pas...

Après les coups de téléphone qui ne répondent pas à son attente, l'homme passe à la bêtise suivante : il sonne à la porte de sa femme sous n'importe quel prétexte, genre : « Tiens, Cécile a perdu sa moufle dans ma voiture, je te la rapporte... », ou : « Regarde, je me suis acheté de nouvelles jantes alu, super non ?... »

Après l'intro bidon, l'erreur ultime c'est de s'écrouler en larmes devant l'épouse en lui enserrant convulsivement les genoux. Un, on peut la faire tomber. Deux, elle va trouver ça méprisable. Trois, on a toutes les chances de lui filer un bas. Et ça, les femmes détestent...

D'excuse en excuse, de promesse en promesse, l'homme ne sait plus quoi dire pour s'excuser et promettre

Alors, généralement, plus il lui file le train et les bas, plus l'homme s'excuse. Il en finit même par s'excuser de s'excuser tellement il s'excuse. Il ressemble à ces suspects arrêtés par la gendarmerie pour un crime et qui finissent par en avouer dix de plus.

Oui, il la négligeait. Oui, il ne s'occupait pas assez des enfants. Oui, il conduisait mal. Oui, il a été odieux avec sa copine Charlotte. Juré, demain rien ne sera plus pareil : il va CHANGER. Tous les matins, il amènera les enfants à l'école. Tous les mercredis, ils iront au Mc Do tous ensemble et, s'il a un déjeuner de boulot, promis, il l'annulera. Il n'amènera plus de dossier à étudier à la maison et tant pis si Don Marco l'a dans sa ligne de mire. Elle avait envie d'un bracelet pour remplacer celui qu'elle s'est fait voler sur la plage l'été dernier, elle l'aura. Même s'il lui avait dit que ce serait mieux d'attendre que le compte en banque ne soit plus au rouge. Avec tout ça, vous pensez la faire revenir sur sa décision et pouvoir rentrer à la maison ? Vous avez tout faux. Comme d'hab...

Quand il se retrouve seul, dans un champ de ruines conjugales, l'homme panique. Ce sont des pans entiers de sa vie qui se sont écroulés d'un seul coup. Et l'écho de la voix de sa femme résonne encore dans les décombres. Tout comme les rires des enfants. Alors il erre... Il faut comprendre cette peur masculine. Vous avez bossé des années pour bâtir un nid ouaté à votre petite famille. En la négligeant sans doute, pour trop vous consacrer à votre boulot. Mais en vous endettant tout aussi sûrement jusqu'en 2035 pour financer appartement, voiture et vacances au ski à Saint-Martin-des-Ouches. Et puis un autre lui a dit ce que vous ne lui disiez plus.

Il lui a crié qu'il l'aimait. Elle lui a crié qu'elle l'aimait aussi.

Il lui a crié qu'elle était la femme de sa vie. Elle lui a crié qu'elle l'attendait depuis toujours (en tout cas, pas mal de temps)

Il lui a crié que sans elle, il mourrait. Elle lui a crié...

Là, trois coups sourds au plafond. Et une voix étouffée :

— C'est pas fini ce bordel, y'en a qui sont mariés et qui veulent dormir !

Alors ils se sont tus. Ils s'étaient tout dit. Et vous, qu'est-ce que vous pouvez ajouter ?

Comme un coureur qui a perdu contre un rival plus rapide que lui, vous vous dites que vous avez donné le maximum. Affalé sur le bas-côté de la piste, vous pleurnichez dans les micros tendus par les reporters sportifs car vous êtes incapable de dire s'il y aura une prochaine fois pour essayer de faire mieux.

C'est généralement le moment que choisit votre centre des impôts pour vous envoyer un avis de redressement parce que vous vous êtes trompé de ligne dans votre déclaration. Et le centre des contraventions pour vous adresser un récapitulatif avec majorations de retard pour tous les impayés que vous leur devez depuis des années...

Alors, comme l'homme est un grand enfant maladroit un peu empêtré dans ses ailes comme l'albatros de Baudelaire, il ne sait plus trop quoi dire ni quoi faire. Du coup, il fait chier tout le monde au téléphone. Mère, père, sœur, amis, et surtout la meilleure amie de son épouse dont il sait qu'elles se téléphonent toutes les trois heures. Il a des prétextes imparables. Genre : « J'ai invité des amis à dîner ce soir et j'arrive plus à retrouver la recette des tomates-mozzarella dans ma collection de *Marie-Claire*. Tu pourrais pas m'expliquer comment ça se prépare. » Ou encore : « J'ai rencontré la cousine de la belle-sœur de ta grand-mère qui m'a dit que la petite-nièce de tes beaux-parents venait de se fiancer avec un garçon qui vient de sortir de Polytechnique. C'est génial. Je voulais te féliciter ! »

Tout ce qu'il attend de son interlocutrice, c'est qu'elle cesse de s'étendre sur la façon de choisir une tomate sur un étal de marché — ni trop fermes ni trop molles — et des différentes sortes de mozzarella de bufflonne qui peuvent être aussi caoutchouteuses qu'onctueuses pour lui parler du seul et unique sujet qui le préoccupe. Son Ex, point.

Chaque conversation se termine invariablement par cette phrase : « Tu crois qu'elle va revenir ? » On imagine l'embarras à l'autre bout du fil...

On passe des soirées à refaire l'histoire, surtout son histoire d'amour

Ce sont aussi des soirées entières que le mari largué peut infliger à son meilleur ami pour lui disséquer les moindres faits et gestes de sa femme lors de leur dernière rencontre. Il pèse chaque détail, soupèse chaque réplique. Et il a généralement tout faux. Côté psycho, les larmes, ça aveugle toujours...

Parce qu'elle lui caresse vaguement le bras, le mari la pense folle de tendresse, alors qu'elle vérifiait simplement si votre nouveau pull est 100 % acrylique, ou 70 % lambswool-30 % cachemire.

Parce qu'elle se met à chuchoter au bar-tabac en bas de son bureau où vous prenez un verre ensemble, il la pense folle de complicité. Alors qu'elle a simplement reconnu à la table voisine un type de sa boîte.

Parce qu'elle bat des paupières et essuie une larme, il la pense folle de tristesse. Alors qu'elle s'est simplement collé une cendre de sa cigarette dans l'œil.

Après le récit de ses déboires avec Elle, le mari largué passe à l'autre récit, c'est-à-dire celui de l'Autre... Toujours face à son ami qui a une oreille pour lui mais aussi un œil pour sa montre. Et là encore, son sens de la psycho fait merveille. C'est pas un divan qu'il lui faut, mais un brancard. Très sérieusement, tel qu'il imagine le mec, il est IMPOSSIBLE que cette amourette dure...

À la réflexion, finalement, ce doit être le genre vieux célibataire. Ce pithécanthrope doit se prénommer Raoul, porter des costumes croisés façon René Coty, rouler en BX break achetée d'occase en 1971, vivre entre ses trois chats (Atchoum, À vos souhaits et Merci) et une collection de tabatières à miniatures du XVIIIe. Un type qui à quarante-cinq ans n'a jamais connu l'amour, c'est peut-être rassurant. Cela montre qu'il ne se lance pas à la légère.

Apprendre à reconnaître vos faux amis qui sont les vrais amis de votre Ex...

Quand vous les croisez par hasard, ils prennent un accent circonflexe pour vous demander : « Câ vââ ? » Et vous contemplent d'un air nâvré comme si vous âviez le visâge couvert de métâstâses et que votre longue mâlâdie entrait en phase terminâle. Ou alors ils regardent leurs mocassins comme si vous étiez un SDF en train de faire la manche et qu'ils n'avaient pas de pièce de dix balles dans la poche...

Tout ce qu'ils redoutent, c'est que vous leur répondiez : « Non, ça ne va pas. » Que vous leur agrippiez l'avant-bras pour qu'ils ne puissent s'échapper. Et que vous vous mettiez à sangloter. L'idée d'être pris à témoin du naufrage de votre couple leur donne des palpitations. Sans doute parce que vous allez les obliger, par votre seule présence, à réfléchir sur leur propre couple. Et à pleurer avec vous...

Vous allez comprendre que vous aviez deux sortes d'amis : les amis de votre Ex et les vôtres. Vous pensiez que c'étaient les mêmes ? Erreur. Quand ils venaient chez vous, ils vous embrassaient tous les deux avec la même conviction. Ils dévoraient le dîner avec le même enthousiasme. Et repartaient avec la même frénésie de remerciements. Mais le jour de la séparation, vous réaliserez que ses amis ne sont plus vos amis et vos amis ne sont plus ses amis. Dans un divorce, côté amitié, c'est vraiment la séparation de biens.

Et, sur le moment, ça interpelle de ne plus avoir aucune nouvelle de gens avec lesquels vous avez passé soirées et week-ends. On s'interroge : vous supportaient-ils simplement comme une sorte de prince consort sans grande légitimité amicale ? Un mâle nécessaire qu'on ne pouvait éviter ? Un meuble dont on s'accommodait sans rien dire parce qu'il s'agissait de l'époux d'une amie tout en n'en pensant pas moins. Comme son armoire Louis-Philippe ou son guéridon avec napperon en dentelle.

Il faut dire qu'un couple qui se sépare, c'est beaucoup de soucis diplomatiques pour les amis. Comment faire une fête en les invitant tous les deux, pour peu que l'un vienne accompagné, l'autre seul ? (Ou l'inverse.) Ou tous les deux accompagnés ? Ou même tous les deux seuls ? Tous les scénarios sont possibles et même le plus noir. D'instinct, les amis pressentent la scène dans le salon. Les injures et les petits-fours qui volent bas. Bonjour la moquette et les doubles rideaux...

Alors, quand on tombe sur un des amis de sa future Ex-épouse, le mieux est de s'accrocher aux oreilles le sourire dentifrice blancheur éclatante « vu à la télé ». Et d'attaquer gentiment par une question celui qui s'est toujours flatté d'être votre ami, au lieu d'attendre qu'il ose vous en poser une. L'aurait pas une petite mine fatiguée par hasard ? L'aurait pas pris un petit soupçon de ventre ? Nous ferait pas une petite maladie, le garçon ? Les gens sont toujours désarçonnés quand on s'intéresse à leur santé morale et physique. Le copain vous pensait bon pour la cure de sommeil. C'est lui qui est maintenant prêt à sauter dans une ambulance, direction les urgences...

Vous voulez que je vous dise, pour un homme, hormis la douleur de la séparation, un des vrais problèmes du divorce, dont on ne parle pas assez, c'est de découvrir, avec un peu de vague à l'âme, qu'il faut regarder ses amis à la loupe. Exactement comme votre collection de Picasso et de Monet que vous vous êtes échiné à chiner dans tous les vide-greniers de la région. Il y en a beaucoup de faux. Je sais, c'est très agaçant parce qu'on les croyait inestimables. Mais c'est comme ça !

Partir seul pour l'oublier (ou comment des vacances de rêve virent au cauchemar)

Le meilleur endroit pour ne pas penser, c'est allongé, les bras en croix, sur une plage au soleil. En faisant un bras d'honneur à Sénèque qui disait qu'il ne sert à rien de partir parce qu'on emporte toujours ses problèmes avec soi dans ses bagages. Mais lui, c'était une vieille barbe de philosophe et un vrai rabat-joie. En plus, il ne connaissait même pas la Delsey à roulettes...

Seulement, quand vous demandez autour de vous qui a envie de se changer les idées, vous vous apercevez que vos copains sont tous mariés et qu'ils partent tous au moment des vacances scolaires. Sauf quelques parents indignes qui mettent leurs enfants à la DDASS le temps de s'offrir une escapade en amoureux. (Éventuellement, aussi, ils les confient à une jeune fille au pair quand ils en ont les moyens...)

Bien sûr, il reste quelques copains célibataires qui pourraient vous accompagner. Mais, comme par un fait exprès, ils ont toujours un empêchement. Le dossier hyper-important qu'on ne peut pas laisser en plan (« Attends, c'est un client qu'on vient juste de rentrer. Je peux pas le lâcher comme ça du jour au lendemain. Tu comprends... »). Ou encore la nana super-cool qu'on ne peut pas plaquer (« Attends, je viens juste de la rencontrer. Je peux pas la lâcher comme ça du jour au lendemain. Tu comprends... »).

Un billet pour un, s'il vous plaît, madame

Oui, vous avez tout compris, vous partez en single... La solitude, ça s'assume. Seul, comme son nom l'indique. Vous foncez dans la première agence de voyages venue. Vous arrivez les mains dans les poches, vous repartez les poches bourrées de catalogues. Vous passez des nuits entières à les feuilleter d'une main tout en essayant de recoudre les poches de votre imperméable de l'autre.

Là, grosse chaleur pour choisir : tous les tour-opérateurs proposent les mêmes destinations dans des hôtels qui se ressemblent tous sur des photos qui se ressemblent toutes. Tunisie, Seychelles ou Martinique, c'est toujours la même piscine, les mêmes palmiers et la même tache rouge dans le coin à droite du cliché (généralement une bougainvillée, parfois un hibiscus ou un flamboyant. Sauf en Grande-Bretagne où c'est un bus à impériale et en Chine où c'est un garde rouge qui ne s'est pas changé parce qu'on ne lui avait pas dit que Mao était mort).

Mais à chaque page, quel que soit le tour-opérateur et rien que pour vous ruiner un peu plus le moral, des couples posent tout beau-tout sourire dans deux positions (deux seulement... Non mais, c'est un catalogue, pas le Kama-Soutra !). Soit il et elle sont habillés en blanc et tiennent sous le bras une raquette de tennis. Pour montrer que c'est un club qui dépote au niveau sport. Soit ils tiennent dans la main d'énormes verres à cocktail rouges ou jaunes avec un petit parapluie chinois piqué dans une rondelle d'orange. Pour montrer que c'est un club qui swingue au niveau ambiance. Mais, quelle que soit la photo, ils se tiennent toujours par la main...

Dernier au lit, premier au petit déj...

Dans l'avion, les gens sont beaucoup moins beaux et souriants que sur le prospectus. Mais tout aussi en couple. Et vous, tout aussi seul. Avec un seul point commun : ils sont comme vous, tout aussi verdâtres.

Décalage horaire oblige ou tout simplement énervement, le lendemain matin, vous vous réveillez à 6 heures. Avec impossibilité de vous rendormir. Or les restaurants d'hôtel n'ouvrent jamais avant 7 h 30...

Pour passer le temps, il ne vous reste plus qu'à vous raser de près et même de plus en plus près (jusqu'à trois fois environ) et à essayer devant la glace toutes les tenues que vous avez emportées (jusqu'à dix coordonnés de polo et bermuda). Ce qui ne suffit toujours pas...

Vous pouvez aussi regarder cinquante fois votre Swatch en vous demandant si vous n'avez pas oublié de changer la pile tellement les aiguilles sont lymphatiques. Sans oublier évidemment de faire les cent pas dans votre chambre. Des astuces grossières mais qui comptent quand on veut passer le temps...

À 7 h 29, vous êtes devant le restaurant, à gratter à la porte. Et à attendre jusqu'à 7 h 49 qu'il y ait quelque chose à manger sous les cloches de buffet que vous soulevez. Vous vous servez une assiette d'œufs brouillés spongieux avec quelques tranches de bacon huileux. Vous hésitez entre des pains d'un peu toutes les formes assortis de confitures d'un peu toutes les couleurs, le tout agrémenté d'un jus de fruits fraîchement pressé d'un goût non identifié. Et vous vous installez à une table. Seul.

C'est à peu près quand vous avez fini que les couples déboulent un à un. Ils vous adressent des bonjours furtifs en s'asseyant, les yeux précautionneusement rivés sur une assiette remplie à ras bord. Ensuite, comme généralement la règle est de se servir soi-même de café, d'eau ou de thé avec les Thermos posés sur la table, ça ne loupe jamais : ils remplissent leur tasse de lait quand ils veulent du café, d'eau quand ils veulent du lait, de café quand ils veulent de l'eau. Et changent de tasse chaque fois en se levant pour en piquer une propre sur les tables alentour. Au bout de cinq minutes, tout le service de la plonge du restaurant est derrière eux au garde-à-vous pour faire la vaisselle.

Mais le vrai supplice, c'est de les entendre ensuite se susurrer à qui mieux mieux : « Ma puce, tu serais gentille de me passer le sel... », « Mon petit loup, veux-tu que j'aille te chercher un autre verre de jus de fruits... », « Ma poule, je peux te prendre une tartine, tu vas pas les finir, hein ? »...

Ma biche par-ci, mon lion par-là, ils vous sortent par les oreilles. Ce n'est plus un resto, c'est un zoo. Et vous, tout seul devant votre assiette, vous avez envie de leur jeter des cacahuètes. À toute volée. Et en pleine gueule.

Rien de tel que la solitude pour se faire les mollets

Ensuite, c'est reparti dans l'agression pour la journée : vous croisez ces mêmes couples dans les allées du club. Souriant, babillant, bronzillant. Et toujours main dans la main, rien que pour vous énerver. À croire que vous êtes tombé sur un charter de voyages de noces, genre promotion sur le catalogue avec pastille jaune marquée « 20 % de réduction sur le séjour plus une bouteille de champagne gratuite dans la chambre et une fleur d'hibiscus dans un verre à dents pour tout couple en lune de miel ».

Vous avez l'impression que tout le monde vous regarde alors que personne ne vous a remarqué. Du coup, vous vous donnez des allures de surbooké. Vous n'en finissez pas de faire des aller et retour dans votre chambre. Pour un paquet de cigarettes, des lunettes de soleil, un bouquin. N'importe quoi pour ressembler à n'importe qui dans l'hôtel. C'est-à-dire à un mari qui n'est seul que parce que sa petite femme est en train de faire de l'aérobic, un sauna ou du shopping à la boutique. Et pas parce qu'elle est à 4 000 kilomètres de là, quelque part en France, au bras d'un type qui ne ressemble à rien, c'est-à-dire pas à vous...

À la réflexion, finalement, ce doit être le genre gommeux, avec le cheveu bien plaqué en arrière. Des costumes blancs et le panama à larges bords assorti. Un type sur lequel tout le monde s'esclaffe en lâchant : « Ben, mon colon ! », c'est peut-être rassurant. Évidemment, lui se prend pour Rudolph Valentino. Alors qu'il ressemble à l'acheteur des cafés Jacques Vabre dans le spot télévisé éponyme...

Sur la plage, là aussi vous êtes le premier. Hormis les plagistes indigènes qui mesurent leurs gestes et comptent leurs pas pour aligner les transats et ratisser les mégots. Où sont-ils tous ? À croire que, pour les couples, le temps n'existe pas. Alors, pour vous occuper, vous vous enduisez d'huile solaire. Les bras, les épaules, les jambes et...

Vous voulez que je vous dise, pour un homme, hormis la douleur de la séparation, un des vrais problèmes du divorce, dont on ne parle pas assez, c'est comment se passer de la crème dans le dos quand on est seul en vacances sur sa serviette.

Pole position partout, vous êtes le Schumacher des clubs-hôtels

Le soir, à l'heure de l'apéritif, vous êtes premier au bar. Comme toujours en pole position partout... Vous avez fait ce qu'il fallait : pantalon blanc, polo de soirée, douche d'eau de toilette. Vous commandez l'inévitable bière locale. Sans couleur, sans odeur, sans saveur. Juste histoire de boire sans trop boire. Et surtout d'avoir un verre à la main pour vous donner une contenance (33 cl en général).

En deux jours, le barman, qui est toujours un psychologue payé pour sonder les âmes avant d'essuyer les verres, deviendra votre meilleur copain. Sans même que vous lui adressiez la parole, il a tout compris de votre situation personnelle. La seule chose qui le turlupine, c'est de ne pas deviner si votre épouse est une vraie blonde ou une fausse brune. Va savoir, Carlos...

En tout cas, vous n'avez même pas encore claqué la porte de votre chambre que votre nouveau meilleur ami vous décapsule votre bouteille. Et, comme il ne supporte pas de voir votre verre à moitié vide, parti comme ça, vous sentez que vous allez très vite vous payer un ventre de sexagénaire teuton, un lendemain de fête de la bière à Munich. C'est ce qui s'appelle noyer sa solitude...

Vous êtes donc en train de finir, cul sec, votre quatrième bière quand les clients arrivent. En couple. Les hommes avec leur pantalon blanc, leur polo de soirée et leur douche d'eau de toilette. Comme vous. Sauf qu'eux ils tiennent une femme par la main, par le bras, par l'épaule. Et, généralement, la leur. Vous, vous tenez le bar. C'est une grosse responsabilité mais habituellement c'est rémunéré. Dans votre cas présent, c'est pur désintéressement.

En les voyant, vous vous souvenez. D'avant. D'un hier si proche qu'il semble presque un aujourd'hui irréel. Vous marchiez dans les allées, main dans la main. Riant, babillant, bronzillant. Au petit déjeuner, vous alliez lui chercher un autre verre de jus de fruits d'un goût indéterminé. Sur la plage, elle vous passait de l'huile solaire dans le dos. Ensemble, vous jouiez au tennis, vous couriez sur la plage, vous faisiez la sieste. Les journées étaient chaudes pour le cœur, brûlantes pour les corps. Si ce n'était pas de l'amour, en tout cas ça y ressemblait bigrement. Le matin, vous lui décrochiez des fleurs d'hibiscus pour mettre des couleurs dans sa journée et le soir, des étoiles pour mettre des lueurs dans sa nuit.

Sur le sable, vous jouiez au pendu. Vous savez, le jeu où on trace avec une brindille des lettres et aussi des points qu'il faut remplacer par des lettres. Mais vous, c'était pas pour former des prénoms, juste des mots d'amour. Plus dur, beaucoup plus dur comme jeu. Mais c'était pas grave parce qu'au final, quand vous étiez pendu, c'était toujours à son cou.

Aujourd'hui, accoudé au bar, votre bière à la main, face à tous ces couples qui trinquent en gloussant rires et sourires, vous vous souvenez du dernier mot-énigme qu'elle vous avait proposé : E - E - - ELLE - E - -. « Éternellement », c'était facile, sans doute trop facile comme adverbe.

Avec le recul, vous vous dites qu'avec les femmes, il n'y a guère que les diamants qui sont éternels. Vous la jouez cynique. Mais c'est uniquement parce que la bière locale n'est pas très bonne...

À table, rélexion faite, il vaut mieux être mal accompagné que seul...

À table, c'est un supplice. Les maris n'aiment pas trop les hommes seuls. Comme si, entre le fromage et la papaye ou l'ananas, vous alliez culbuter leur épouse dans le premier massif de bougainvillées venu. Mais, parce qu'ils sont vos voisins de table, ils se sentent contraints d'échanger quelques mots avec vous. De l'extrême bout des lèvres et sur des sujets tellement convenus que le dialogue ne peut que tourner court après les trois considérations rituelles suivantes[1] :

- votre date d'arrivée ;
- le temps de la journée ;
- la qualité du buffet.

Pour vous parler, ils ont la même moue distante qu'ils font quand ils goûtent la grande spécialité locale que le

1. À noter que ce tiercé peut aussi se gagner dans le désordre.

chef leur a concoctée : « le filet mignon de phacochère Oléyouplala », un truc dégoulinant d'huile et de piment qui vous fait grimper aux baobabs et vomir dans la lagune toute la nuit. Comme si, de vous, après en avoir fait tout un plat, on avait à peine goûté que déjà on n'avait pas envie d'en reprendre...

Le truc essentiel, quand on part seul en vacances : surtout choisir un hôtel-club avec des buffets matin, midi et soir. Car si à table le plaisir, c'est généralement de s'asseoir, quand on est seul, c'est de se lever. Votre assiette à la main, vous n'en finissez pas de faire durer l'indécision entre le couscous berbère, le poisson à la tahitienne et les inévitables spaghettis bolognaise... Juste pour retarder le moment de vous retrouver coincé entre la grosse blonde liftée pleine de coups de soleil et le cadre de banque niaiseux en short de tennis et Nike boursouflées, qui n'en finit pas de loucher sur l'assiette de sa jeune épouse en lui murmurant, la bouche pleine : « Comment c'est toi, mon amour ? Tu me fais goûter ? Hum, c'est délicieux, j'aurais dû prendre ça, moi aussi... »

À la réflexion, finalement, lui aussi doit être le genre sportif. Le type qui au tennis ahane sur chaque service comme s'il s'était donné chaque fois un coup de raquette dans les parties, c'est peut-être rassurant. Elle se dit qu'il est assez courageux pour affronter avec elle tous les revers de la vie. Il boit du Décathlon, s'asperge d'eau de toilette Lacoste et se balade en survêtement Adidas à longueur de week-end. Côté idéal masculin, elle place vraiment la barre trop haut pour suivre...

Vous êtes pour l'interdiction des appareils photo dans les lieux publics

C'est plus fort que vous, vous détestez ce couple qui donne son appareil à un touriste pour se faire prendre en photo, tout sourire, avec sa petite famille aux côtés du chef du village, tout raide dans sa tenue d'apparat, devant la porte de sa paillote. Ou bien cet autre type sur la plage au crépuscule qui se croit obligé, face au photographe de l'hôtel, de serrer si fort sa femme contre lui qu'elle est bonne pour retourner direct dans sa chambre repasser sa petite robe en lin.

La vraie solitude, c'est de voir tous ces gens en couple. Leurs petites roucoulades, les bêtises qu'ils se disent pour se faire rire devant l'objectif. Clic clac, ils se font des souvenirs. C'est toute la différence avec vous : vous qui avez pris vos cliques et vos claques pour vous faire des avenirs. Sauf que, pour l'instant, c'est plutôt *no future*.

Alors, vous repensez à elle. À votre bonheur tranquille que vous aimiez tellement photographier. Aux paparazzis qui vous flashaient dans les restaurants et qui vous jetaient sur la table une heure plus tard le cliché serti dans un carton à liséré ou l'affichaient le lendemain sur un panneau à la réception de l'hôtel. Sur la photo, vous la trouviez superbe, elle se trouvait toujours moche. Vous vous trouviez moche, elle vous trouvait toujours superbe. Et, en fin de compte, tous deux, vous achetiez toujours la photo...

Au soleil, les GO font de l'ombre aux GM

Dernier verre de la soirée, dans la discothèque. Vous n'avez pas été sans remarquer la longue brune assise au bar devant un Coca light. Elle a le regard transparent des filles qui ont honte d'être seules et ne veulent voir personne de peur d'être regardées. Même si ce n'est pas vraiment dans vos préoccupations du moment, vous lui feriez bien un brin de conversation. Les hommes ne se refont pas : ils ont toujours le corps à cœur...

Alors, au bout de dix minutes — délai de bienséance ou de garantie pour savoir si elle n'a pas dans les parages un mari souffrant de la prostate ou un petit ami parti acheter des cigarettes à la réception —, au moment où vous vous approchez à pas comptés et recomptés de son tabouret, vous vous faites mettre cinq brasses dans la vue par le chef du service des Sports nautiques, un garçon dont les mensurations athlétiques ont déjà déclenché on ne sait combien d'alertes à Malibu.

Et voilà bien le prestige de la fonction qui crée l'orgasme. Elle ne vous a même pas vu arriver qu'elle le regarde déjà, lui, comme si c'était l'homme de sa vie (en tout cas, de son forfait huit jours/sept nuits)... Il ne lui a même pas parlé que déjà elle lui tend les bras. Et se laisse entraîner...

En une demi-heure de tourbillon musical, la planche à voile de service lui a fait danser biguine, salsa, merengue, rock... Sans oublier tango et paso doble parce que le D.J. a des ordres de la direction d'en donner pour toutes les classes d'âge. Vous, vous en êtes quitte pour regarder. Et commander une autre petite mousse. En vous repassant le film de votre future Ex-épouse et de l'Autre pour vous distraire...

À la réflexion, finalement, ce doit être le genre navigateur au long cours. Un type sévèrement buriné qui sait manier le sextant et calculer la dérive du nord magnétique, c'est peut-être rassurant. Même si elle est un peu jalouse, quand de son beau regard bleu délavé, il embrasse la mer. Au moins, est-elle sûre que, s'il la mène en bateau, elle s'en sortira. Un peu chavirée certes, mais saine et sauve...

Du coup, le lendemain, vous vous retrouvez sur la plage. Seul. Avec votre Pizz-Buin indice 15 et votre pile de magazines que vous avez déjà lus trois fois dans l'avion. Tout bronzillant. Mais pas riant ni babillant. Plutôt très consternant...

Vous voulez que je vous dise, hormis la douleur de la séparation, un des vrais problèmes du divorce pour un homme, dont on ne parle pas assez, c'est qui écrit les cartes postales à la famille et aux amis quand votre épouse n'est pas là ?

Votre première visite chez elle (ou quand vous avez l'impression de débarquer sur une autre planète)

Depuis qu'elle a emménagé dans son nouvel appartement, vous avez l'impression qu'il faut faire une demande de visa avec huit tampons pour mettre un pied chez elle. Bien sûr, votre future Ex-épouse ne vous a pas donné la clef. Des fois qu'il vous prendrait l'envie de débarquer, un cutter entre les dents, lui tailler des shorts dans ses pantalons et des boléros dans ses vestes.

La première fois que vous sonnez chez elle à l'improviste parce que vous passiez par là et que vous avez eu envie d'embrasser les enfants, vous entendez de l'autre côté de la porte un branle-bas de combat étouffé. Horrifiée la Sarah, quand elle colle son œil dans le judas ! Elle a reçu pour instruction de ne jamais vous laisser entrer en l'absence de sa patronne. Là, c'est comme si elle tombait sur le serial-killer dont le portrait-robot a fait le matin même la une de *France-Soir* : huit meurtres de bonnes sri-lankaises à son actif dans le quartier. Et il court toujours...

Sarah est aux cent coups. Vous la mettez dans un état proche du Rajasthan. Mais rien ne la ferait fléchir. Même quand vous lui témoignez vos intentions pacifiques en jetant dans la cage d'ascenseur le fusil à pompe

Remington à canon scié que vous cachiez sous votre manteau et l'Opinel rouillé de quand vous étiez scout. Même quand vous glissez votre carte de donneur de sang bénévole sous la porte ou que vous plongez à pieds joints dans votre sac de Francine sans grumeaux, spécial pâtisserie, pour montrer patte toute blanche.

Dialogue difficile à travers la porte :

— La madame is not at home.
— Ah bon ? Mais les children, ils sont là, no ?
— Yes, mais...

Intraitable, elle reste.

En désespoir de cause, vous courez à l'épicerie du coin dévaliser le rayon des thés, vous achetez un chapeau de paille conique et un panier d'osier pour revenir frapper en vous faisant passer pour un marchand ambulant cinghalais. Miracle, ça marche : on ne ferme pas sa porte à un compatriote. Et pendant qu'elle farfouille dans les sachets, vous faites le tour de l'appartement...

Après l'alunissage, le retour sur terre est très dur...

Là, choc ! Pour fouler cette moquette inconnue, vous empruntez instinctivement la démarche empesée d'Armstrong faisant ses premiers pas sur la lune, genre Bibendum intergalactique. Vous aussi, vous êtes sur une autre planète. Incroyable : vous connaissez tous les meubles et les bibelots et pourtant vous ne reconnaissez rien...

La commode Louis XV en marqueterie léguée par la grand-mère de votre Ex, quatre-vingt-seize ans. Votre collection de natures mortes représentant des roses, chinées dans toutes les brocantes de France. La potiche Ming fêlée. Et même l'horrible vase en opaline que vos amis Henri et Charlotte vous avaient offert pour votre mariage. Tout est là. Oui, mais plus dans votre ordre. Dans son désordre à elle. Et ça change tout...

Soudain l'aîné déboule dans vos bras : « Enlève ton scaphandre, p'pa. On t'a reconnu ! » Vous souriez de bonheur. Que c'est bon de retrouver ses petits anges, vous dites-vous. Ah oui ? Alors, pssst, pssst, un conseil, repassez vous le film au ralenti : vous n'auriez pas un peu beaucoup rêvé par hasard...

Vous êtes sûr que l'aîné n'est pas plutôt dans sa chambre en train de virer fou avec sa Nintendo et va à peine lever les yeux quand vous pousserez sa porte. Et le second ? N'est-il pas en train de chercher, à quatre pattes, une pièce de Lego sous son lit. Tout ça pour finir de construire une sorte de buggy des sables qui a une tronche de robot-mixer Moulinex. Quant à la petite dernière, elle chantonne en barbotant dans son bain avec sa Barbie qui a perdu tous ses cheveux à force d'être shampouinée et coiffée. Et il faut des bottes d'égoutier pour entrer dans le cabinet de toilette.

Décidément, l'Autre vous ne pouvez pas le voir en peinture. Ni en photo...

En partant, vous passez devant la chambre de votre Ex. Vous ne résistez pas à l'envie de jeter discrètement un œil sur la table de nuit. Il y a les photos des enfants prises en Corse, vos dernières vacances en famille. Plus de photo de vous. Mais pas encore de photo de lui. Dommage, vous auriez aimé savoir à quoi il pouvait vraiment ressembler, l'Autre. Du bout des doigts, vous tâtez le lit. A-t-elle déjà fait l'amour avec lui dans ce plumard ? Avec les enfants de l'autre côté de la cloison. En se saignant les lèvres pour ne pas crier et les réveiller ? D'un seul coup, vous avez comme une gueule de homard breton jeté dans une marmite d'eau bouillante. Genre un brin congestionné. Est-ce qu'il enlève ses pompes jaunes et ses chaussettes à carreaux quand il lui fait l'amour ?

À la réflexion, finalement, ce doit être le genre éjaculateur précoce. Un type qui ne perd pas de temps avec la bagatelle pour mieux se consacrer à l'essentiel, c'est peut-être rassurant. Elle a l'impression que ça élève l'âme. Découvrir le huitième ciel, ce n'est pas donné à tout le monde. Il y en a tellement qui restent coincées au septième...

On le voit d'ici plier ses petites affaires tout bien proprement sur la chaise, mettre des embauchoirs dans ses Manfield jaunes et se donner un dernier coup de peigne avant de se jeter, en Burlington roses, sur le lit. C'est comme ça, les nanas ont toujours raffolé des grands fauves lustrés.

Et vous, vous avez des envies de carnage, voire d'extinction de l'espèce. Un flot de sang chaud et épais vous inonde la bouche. Ne pas oublier de consulter vite un parodonto pour votre gingivite... Mais, pour l'heure, vous pendriez bien ses Burlington au-dessus de votre cheminée, entre la tête de rhinocéros et la paire de cornes de gnou. Clouées sur une jolie planche de bois vernis avec une petite plaque en cuivre. Gravée à son nom...

Se battre avec la nouvelle réalité quotidienne (ou quand on s'aperçoit que l'homme n'est que poussière et que l'aspirateur ne marche pas)

Retour chez vous. Méditation. Et consternation. L'intendance ne suit absolument pas. Voilà que vous vous retrouvez confronté au quotidien. À tous ces petits problèmes qui pourrissent une vie déjà pas désopilante...

Rien que le linge sale, déjà... Chaque jour, une paire de chaussettes, un caleçon, une chemise. Dans la salle de bains, ça s'entasse, ça monte et ça menace de s'écrouler comme la tour de Pise. Vous découvrez l'efficacité du pressing industriel. En deux lavages, vos chemises vous arrivent au coude et vos pulls au nombril. C'est votre fils aîné qui va être content. Il peut se fiancer, son trousseau est fait.

Votre studio n'est même plus un souk, c'est un magasin de fringues pour femmes le jour des soldes, dernière démarque. Il y a des chemises sales, des bouquins, des papiers qui traînent partout au milieu des photos de vos enfants. Forcément, sans meubles, vous ne pouvez rien ranger. Du coup, impossible de prendre une femme de ménage. Elle n'aurait même pas noué son tablier que déjà elle vous l'aurait rendu.

Et puis, un jour, vous tombez dans *Science et Vie* sur le cliché agrandi un million de fois d'un acarien photographié de profil. Et là, vous grimpez aux rideaux. Impossible de croire que vous dormez, joue contre joue, avec ce troupeau de petits fauves affamés qui sautent partout dans votre lit. Tétanisé, vous êtes. Vous entendez d'ici le bruit de leurs petites mandibules qui claquent avec gourmandise quand ils vous regardent vous déshabiller. Alors vous allez direct dormir dans la baignoire après l'avoir inondée de Fly-tox. En attendant de passer l'aspirateur le lendemain, avec un microscope électronique rivé à l'œil...

Vous avez vraiment besoin de tuyaux pour faire marcher votre aspirateur

Et c'est là, en général, que vous vous apercevez qu'un aspirateur, ce n'est pas fait pour aspirer. Sauf dans les magasins d'aspirateurs. Pourtant vous vous souvenez : quand le vendeur vous a proposé ce modèle, il s'était montré formidablement démonstratif. Il avait dévasté son magasin, rien que pour vous montrer la puissance de l'engin. Renversé de la farine partout sur la moquette, éventré un sac de pois chiches et même balancé des billes d'acier. L'appareil avait tout aspiré, tout avalé, en étouffant juste un petit rot discret après chaque bille. C'était un fauve jamais repu...

Mais, chez vous, rien à voir. Ce n'est plus un lion, c'est une descente de lit. Il faut se coller un lumbago en insistant douze fois pour lui faire dévorer le moindre mouton. Qu'il vous recrache un mètre plus loin. C'est ainsi que vous vous retrouvez avec un fauve édenté d'un côté et un troupeau de moutons de l'autre. La vie n'est pas simple pour vous... Et elle, comment fait-elle ? Et l'Autre, est-il là pour l'aider ?

À la réflexion, finalement, ce doit être le genre maniaque de la propreté. Un type qui a des airs clean, c'est peut-être rassurant. Elle sent qu'elle n'attrapera pas de bêtes avec lui et qu'elle pourra compter sur lui pour casser la figure à tous les microbes qui pourraient l'assaillir. On le voit bien courir partout, un mini-aspirateur à la main, revêtu d'un tablier pour ne pas salir son blazer à boutons dorés. Et il a bien sûr un aspirateur qui marche, lui...

Chez vous, le monde merveilleux de Whirlpool fait un four

Dans l'appartement refait, la cuisine est maintenant nickel. Vous découvrez un monde merveilleux, celui de Whirlpool. C'est incroyable ce que l'électroménager a fait comme progrès depuis votre enfance. Vous vous souvenez de la gazinière de vos grands-parents. Ah ! c'était pas de la tarte pour l'allumer. Les allumettes qu'on jetait, les doigts qu'on se brûlait, la mèche qui y passait quand on se penchait trop !

Mais là, ça n'a plus rien à voir. Plaques de cuisson en vitrocéramique qui rougissent comme des jeunes filles à peine vous caressez leurs boutons de rose. Four programmable qui se met en marche tout seul, calcule le temps de cuisson tout seul et se nettoie tout seul. Si vous êtes là, c'est vraiment juste pour ouvrir la porte et montrer le chemin au poulet...

Sûr qu'avec ces appareils, ce doit être un plaisir de

se mijoter de bons petits plats. Et c'est même livré avec un cahier de recettes. Bon, il y a un peu beaucoup de manettes et de cadrans à votre goût, mais vous vous faites à l'avance une joie de les découvrir. Un jour, le monde de Whirlpool vous appartiendra...

S'installer dans un nouveau quotidien (ou quand le régime carottes vinaigrette-quart de poulet mayonnaise vous pèse sur l'estomac)

En attendant, vous prenez vos habitudes chez un charcutier-traiteur qui est sur votre chemin quand vous rentrez du bureau. La petite brune boulotte qui vous sert est gentille.

— Euh... Des carottes râpées, s'il vous plaît.

— C'est pour combien de personnes ?

— Euh... Juste une personne.

— Et avec ça ?

— Euh... le poulet, il est vendu entier ou je peux en avoir un quart seulement ?.. Euh... et puis tiens, donnez-moi une de vos crèmes caramel. Elles ont l'air sympa. Plutôt celle qui est la plus dorée... Euh... oui, celle-là, merci !... Euh, zut... j'allais oublier la mayonnaise. Mais juste un peu, s'il vous plaît. C'est pour la cuisse de poulet...

— Une cuillère comme ça, ça ira ? Avec ça, ce sera tout ? Besoin de pain ? De vin ? De cornichons ? De câpres au vinaigre ?

— Euh... non, pas vraiment !

— Bon, je vous donne votre ticket...

Et comme ça, tous les soirs. Jusqu'au jour où la petite brune boulotte, se voulant encore plus gentille que d'habitude, brandit son plus petit modèle de barquette pour vous servir vos carottes râpées. En lançant très fort devant toute la file de clients :

— C'est comme d'habitude. Pour une personne ?

D'un seul coup, vous venez de vous prendre *Cent Ans de solitude* sur le coin de la gueule. Le pavé, elle vous l'a bien balancé, la petite boulotte : 577 pages sur vélin surfin, en version originale et tirage numéroté, s'il vous plaît. Mais, finalement, c'est plus à Gabriel qu'à la petite boulotte qui s'appelle en réalité Josiane que vous en voulez. Cet écrivain à la con, il aurait fait plus court, vous auriez eu moins mal...

Alors, tout vieux, tout triste, avec vos pauvres mains parcheminées, vous resserrez bien votre cache-col pour sortir. Sans oublier votre paquet. Dans votre dos, vous croyez entendre comme une voix qui vous lance encore par-dessus le comptoir :

— Et n'allez pas nous attraper la grippe, hein, par exemple ! Y'en a plein les rues. Et elle est mauvaise, cette année...

Ça y est, d'un seul coup, vous vous sentez mûr pour chanter du Goldman, genre :

... mettre du vieux pain sur votre balcon.
Pour attirer les moineaux, les pigeons.
Et vivre votre vie par procuration
devant votre poste de télévision...

Assis sur votre lit, vos carottes vinaigrette sur les genoux, vous êtes en vrac. Le carotène, c'est pas râpé que vous devriez vous l'enfiler. Mais au goutte à goutte. Elle vous a bien massacré, la petite boulotte. Demain, c'est décidé, vous changez de crèmerie, enfin, vous voulez dire, de charcuterie. En attendant, le mal est fait. Vous restez huit jours au lit sans répondre à personne...

Vous voulez que je vous dise, pour un homme, hormis la douleur de la séparation, un des vrais problèmes du divorce, dont on ne parle pas assez, c'est que vous pouvez vous payer un platane, un contrôle fiscal ou une agression de petite boulotte, il n'y a plus personne pour vous tenir la main à la maison. Et ça, c'est insupportable.

Les nuits sans sommeil
c'est comme les jours sans soleil, dur...

Entre deux taches de vinaigrette sur vos draps tout propres, vous ne pouvez vous empêcher de penser. À quoi ? Mais à eux deux évidemment. Eux qui sont en train de dîner aux chandelles, la main dans la main, les yeux dans les yeux. Et pourquoi pas la main dans les yeux. Au point où ils en sont, ils auraient tort se gêner...

Ils doivent sûrement se goberger au restaurant. Se commander une côte de bœuf sauce béarnaise. Pour deux. Ou bien encore, un saint-pierre rôti entier. Pour deux. À moins que, toujours pour deux, le maître d'hôtel ne leur propose de goûter le suprême d'autruche « Belle Hélène » qui est la spécialité de la maison. Et de se fendre d'une explication obséquieuse : il s'agit du blanc de la volaille qu'on fait sauter et qu'on accompagne d'une petite sauce au foie de morue. C'est servi avec les plumes et des tagliatelles. Pourquoi « Belle Hélène » ? Parce que c'est le prénom de la femme du patron...

À la réflexion, finalement, ce doit être le genre coincé à mort qui ne dit rien à table. Un homme qui parle peu, c'est peut-être rassurant. Ça donne comme de la profondeur. Même s'il ne parle pas pour la bonne raison qu'il n'a rien à dire. Pour elle, un mec momifié dans un trois-pièces Hugo Boss qui regarde tout le monde de travers comme sur les fresques des pyramides c'est beau comme Toutankhamon.

C'est à ce moment-là que le téléphone au pied de votre lit se met à sonner. Vous vous ruez sur lui. Et le plaquez au sol comme si c'était un Gallois qui allait marquer contre le pack tricolore en finale du Grand Chelem.

Voix masculine. Grimace. C'est votre père qui veut vous voir de toute urgence. Pour une discussion d'hommes. En un mot, il ne veut pas entendre parler de ce divorce. Vous vous conduisez comme un gosse capricieux. Dans la famille, on ne divorce pas. Même si lui-même a connu des passes difficiles, il ne lui serait jamais venu à l'idée de divorcer de votre mère. Alors, vous allez lui faire le plaisir de rentrer *fissa* à la maison. Comment lui faire entendre que c'est elle qui vous a largué ? Excédé, malgré tout le respect que vous portez à votre paternel, vous finissez par lui raccrocher au nez. Effaré qu'à trente, quarante ou cinquante ans, vous soyez toujours en culottes courtes pour vos parents.

Resonnerie. Voix féminine. Grimace. C'est votre mère.

Resonnerie. Voix masculine. Grimace. C'est votre frère.

Là, vous vous mettez aux abonnés absents. Et vous sautez à pieds joints dans vos carottes râpées.

Jamais votre alliance ne vous a autant gêné que depuis que vous l'avez enlevée...

C'est long, une nuit sans elle. Surtout pour s'endormir. D'accord, vous êtes plus au large. Mais plus au froid aussi. Surtout au cœur. Alors vous pensez à Elle et à l'Autre. Est-ce que leur histoire à eux, c'est comme la vôtre au début ? Il y a un test pour s'assurer de l'entente parfaite : c'est la coordination de ces petits gestes d'amour qui se font tout seuls — mais ensemble — sans même que l'un ou l'autre y pense. Par exemple, marcher dans la rue en s'emboîtant automatiquement le pas. Vous entrecroiser les doigts du premier coup quand on se prend la main. Faire claquer un baiser au même instant, les yeux fermés, quand vos lèvres sont réunies.

Bon, je vois des sceptiques qui sourient dans la salle. Alors je reprends la démonstration depuis le début : vous marchez dans la rue, vous partez sur la jambe droite et votre chérie sur la gauche, vous avez vu le résultat ? Vous ressemblez plus à Donald Duck et Daisy qu'à Fred Astaire et Ginger Rogers en piste.

Pour les cinq doigts de la main, c'est pareil. L'annulaire doit s'agripper à l'annulaire, le majeur au majeur et les pouces se croiser. Sinon on se tord les doigts. Or c'est connu : on se tord les doigts de désespoir mais pas d'amour... Quant au baiser, ça ne s'explique pas. On est d'emblée synchro. Sinon, on n'a aucune chance pour les championnats du monde de patinage artistique en couple à Bercy...

Ah que il y a une femme qui m'aime ici ce soir (n'est pas Johnny qui veut)...

La seule façon de trouver le sommeil en ne pensant plus à Elle, c'est de recenser toutes celles qui pourraient vous aider à oublier. On peut aussi compter les moutons, c'est une question de goût. La petite Lucille au bureau qui se précipite pour vous aider chaque fois que vous vous démenez avec les formats A3 et A4 de la photocopieuse, elle est mignonne, non ? Et la sœur de Max qui l'autre soir à l'apéritif se penchait sans arrêt par-dessus la table basse pour vous offrir des cacahuètes et ses seins, pas mal non plus, non ? Et Marie qui...

Non, non, non... Le seul corps qui vous fasse crier de désir, qui vous trémousse la danse des sept voiles dans les neurones, c'est celui de votre Ex que vous imaginez, dans une vision de cauchemar, métamorphosée en ensorceleuse de beuglant. Bustier échancré et bas de soie noirs, elle est la star de la revue tandis que l'Autre, son admirateur, est scotché à la même table à toutes les représentations. Et ce soir, c'est le grand soir. La salle est vide et elle se donne en spectacle rien que pour lui, son corps nimbé de ces brumes légères que l'aurore de leurs amours va dissiper. Lui, à genoux au pied de la scène, lui dédie des poèmes brûlants griffonnés au dos de l'addition...

À la réflexion, finalement, ce doit bien être le genre écrivaillon un peu broussailleux. La mèche tombante, le pull avachi, l'écharpe qui traîne par terre et qui ratisse toutes les feuilles mortes quand il se rend chez son éditeur. Le type qui la joue intello, c'est peut-être rassurant.

Elles adorent avoir des mecs qui leur en remontrent avec des dédicaces...

Et vous, haletant, ruisselant de sueur, vous vous traînez, à genoux, jusqu'au bout du lit, au bord de la chute. Comme Johnny à Bercy, face à ses fans. Vous avez la tête lourde comme un cheval mort, les cheveux comme un soleil d'été sur un champ de blé et vous brisez enfin vos chaînes. Autrement dit, vous en tenez une bonne, vous avez le poil passablement hirsute et vous débloquez grave.

Jusqu'à crier dans le silence de votre chambre : « Ah que y a-t-il une femme qui m'aime ici ce soir ? » D'un geste rageur, vous déchirez votre veste de pyjama pour la balancer dans le vide et tant que vous y êtes, vos pantoufles aussi. Avant de vous écrouler, foudroyé, sur la couette. Le SAMU vient vous évacuer. Grâce à Dieu, la concierge — qui connaît la chanson — a un double de votre clé.

Même quand il y a deux mille morts, un seul être vous manque et plus rien ne compte...

La solitude, ça vous prend aussi à la gorge au petit matin. On écarte un demi-cil. L'oreiller jumeau n'a pas un pli. C'est l'heure angoissante où la ville est déserte. Les noceurs ont fini de nocer et les balayeurs pas commencé à balayer. Si on sort, on ne rencontrera aucun être vivant.

Rien que des ombres...

L'heure pour personne...

On résiste à l'envie de sauter dans sa voiture et de passer devant chez Elle. Pour voir si Elle a dormi là.

Seule. Pour se persuader que rien n'a changé même si plus rien n'est comme avant. On rêve d'entendre les enfants déjà s'engueuler dans leur chambre : « C'est à moi ! Non, rends-le-moi ! Non, c'est à moi ! » Cavalcade dans le couloir. Cris entremêlés de rires. Des portes qui claquent. Suivies immanquablement de la claque qui porte... Et là comme un drôle de silence, genre le vent qui retient son souffle avant l'orage... Pleurs assourdis d'abord. Gémissements qui vont crescendo. Et hurlements où votre nom est fortement prononcé même s'il est relativement indistinct.

Mais non, il n'y a ni cris ni pleurs. Juste un silence assourdissant qui perce le cœur plus que les tympans. Les enfants ? Ils sont chez leur mère. Ils dorment. Leur mère dort. Toute la ville dort. Il n'y a que vous qui vous retournez dans tous les sens comme si un copain fakir vous avait prêté sa chambre d'amis. Avec un lit qui ne vaut évidemment pas un clou.

Alors, vous vous recroquevillez sous vos draps et vous écoutez la radio jusqu'au bout de la nuit. Vous vous faites tous les journaux. Tous les France-Info et les BFM de France et de Navarre. Juste pour avoir une voix qui troue l'édredon de la nuit. Parce qu'elle n'est pas là pour vous dire entre deux bâillements : « Tu n'arrives pas à dormir, mon bébé ? »

Et vous zappez sur des voix différentes qui débitent dans un ordre différent les mêmes infos. C'est-à-dire de nouvelles catastrophes. Avec cependant quelques différences sur le bilan humain du tremblement de terre au Turkménistan ou du raz de marée au Guyana, lesquels peuvent passer de deux cents à deux mille morts en un changement d'heure et de station.

Mais, il faut bien le confesser, vous vous en tapez.

Le seul truc qui compte vraiment pour vous, c'est pas qu'il y ait dix mille ou cent mille macchabées à l'autre bout du monde mais une seule disparue dans votre lit. Et que vous ne touchiez plus sa peau quand vous étendez le bras...

Se traîner au bureau (ou comment un cadre peut ne plus être dynamique du tout)

Au bureau, vous n'êtes plus que l'ombre de l'ombre de l'homme qui tire plus vite que son ombre. Vous n'avez plus guère en commun avec lui que l'ombre d'une cigarette scotchée en permanence à l'ombre de vos lèvres, même sous l'ombre de votre douche.

À votre arrivée, vous croyez entendre derrière les plantes vertes vos camarades de jeu chuchoter : « Tu sais pas, le pauvre, sa femme l'a quitté. » C'est un statut qui confère quelque avantage. La très mauvaise humeur qui vous fait aboyer dès le matin devant la machine à café trouve une excuse.

Au bureau, votre chef de service compatit mais aimerait bien que vous ayez un peu moins de retard. Si c'est vous le chef de service, vos employés compatissent aussi mais eux, ils aimeraient que vous ayez un peu plus de retard. Tellement vous êtes odieux...

En déposant un café sur votre bureau, votre secrétaire vous tance gentiment : ce n'est pas comme ça que vous allez boucler le dossier de fusion-acquisition de la Narcotic Fund Bank of Columbia. On ne peut même pas dire que l'affaire soit en souffrance, elle est au-delà de la douleur. Carrément au point mort.

Pourtant, vous aviez promis sans faute de rappeler Don Marco pour finaliser l'accord. Carrer les dernières lignes, en quelque sorte... Et votre négligence va le fâcher. Vous le sentez finalement assez autoritaire comme garçon...

Vous vous souviendrez toujours de votre première négociation. Don Marco vous avait reçu dans sa splendide hacienda avec ses deux associés. Incroyable mais vrai, figurez-vous que ces derniers sont restés debout derrière lui pendant toute la réunion. Là-bas, paraît-il, c'est la règle pour les actionnaires minoritaires. Ils n'ont pas pipé mot. Et gardé obstinément une main sous la veste. Vous avez appris ensuite que cette main sur le cœur, c'est comme chez les musulmans quand ils se saluent, une preuve de respect pour l'autre. Hallucinant, non ?

Même le marc de café ne vous sort pas de votre apathie

Vous n'êtes décidément plus le même homme. Hier, vous avaliez trois comprimés de Guronsan pour vous remonter le moral quand vos déjeuners n'étaient pas bookés trois mois à l'avance. Et aujourd'hui, vous réécrivez votre agenda à la gomme arabique. Hier, vous passiez, hiératique, glissant plus que marchant sur les dalles de marbre du hall de l'entreprise. Souriant gentiment aux hôtesses. Toisant superbement en les croisant vos homologues.

Aujourd'hui, dans les couloirs, vous rasez les murs, mains au fond des poches. Vous refusez de descendre à la cantine manger votre œuf-mayo et votre filet de lingue sauce béchamel aux champignons. Vous ne remplissez plus de grilles de loto avec les boute-en-train du service en jouant la date de naissance et les mensurations divisées par deux des nouvelles secrétaires. On se demande à quoi vous pensez tellement vous paraissez ailleurs.

À la réflexion, finalement, vous vous dites que ce doit être un boursicoteur au style très ampoulé, le genre à vous souffler la fumée de ses Churchill dans les naseaux en poussant de grands hennissements de joie. Le type qui au petit déj se renverse le pot de marmelade à l'orange sur son *Financial Times*, c'est peut-être rassurant. Elle sent les économies du ménage bien placées...

Ne reste plus qu'une solution pour savoir où vous en êtes avec votre Ex : la voyante super-lucide. Bien sûr, il y a aussi le modèle extra mais c'est plus cher. Une fois, vous étiez allé en consulter une sur les conseils d'une copine de bureau parce que vous étiez inquiet de ne pas voir venir la promotion promise par votre président.

Quand ladite Soraya avait voulu vous parler ensuite de votre couple, vous l'aviez interrompue sèchement. Il fallait que ce soit clair, vous ne vouliez rien savoir sur le futur de votre vie privée... En cela, vous ne dérogiez pas à la règle qui veut que les femmes consultent pour leurs affaires de cœur et les hommes pour leurs problèmes de boulot.

Incroyable. Un an après, Soraya vous a tout de suite reconnu. Et s'est souvenue. Elle a retourné, une à une, les treize cartes que vous lui avez montrées du doigt. Après une minute de silence, sa mine s'est subitement renfrognée.

— Ça s'annonce pas très bien tout ça...

— Ne me dites pas que je divorce ?

— Ça, je ne sais pas. Mais ce que je vois clairement, c'est que votre patron, lui, vous licencie !

In extremis, Soraya réussit à vous rattraper par la manche sur le paillasson :

— Une dernière question : vous êtes en négociations pour un job à la montagne ?

— ? ? ?

— C'est simplement que je vois beaucoup de neige autour de vous...

Aller voir un avocat (ou quand les bons comptes font les bons sentiments)

Précision utile avant d'aborder ce long et douloureux chapitre concernant une femme qui vous a été très chère et qui va le devenir encore plus : si l'avocat porte toujours une robe, l'habit peut réserver des surprises. Il y en a de sexe mâle, d'autres de sexe femelle. C'est d'ailleurs comme ça que la profession se reproduit. Et que l'Ordre règne. Mais cela est une autre question...

Alors, comment faire pour choisir le sexe de son avocat ? Renseignements pris, il semblerait qu'en matière de divorce, l'avocat mâle soit plus techno, la femelle plus psycho. Je m'explique... À peine êtes-vous entré dans le bureau de l'avocat mâle que déjà il vous coupe la parole et attaque le problème de la pension alimentaire. D'emblée, il parle fric, ne se souciant que de votre portefeuille sans penser à l'état de votre cœur.

Plus féline, l'avocat femelle vous laisse d'abord vous épancher. Même si elle sait d'expérience que le cœur n'est jamais loin du portefeuille. Elle prend une mine désolée quand vous lui racontez tout, depuis votre premier slow en boîte de nuit avec votre future Ex-épouse.

Le premier baiser, le premier « oui ». Le premier appart. Le premier enfant. Et tous les rêves d'une vie...

Et puis, le dernier enfant. Le dernier appart. Le dernier baiser. Et tous les cauchemars d'une survie...

À moitié en larmes, vous finissez par sortir de votre portefeuille vos photos de famille. Avec une liasse de questions à la clé :

N'est-elle pas belle ? Vos enfants ne sont-ils pas beaux ? Pourquoi vous a-t-elle quitté ? Va-t-elle revenir ? Comment guérit-on d'un chagrin d'amour ?

À la fin du rendez-vous, vous lui dites : « Au revoir docteur... » Malheureusement, la séance n'est pas remboursée par la Sécu...

Lors de leur divorce, les hommes se font naturaliser auvergnat...

Avocat mâle ou femelle, chacun vous consacre tout son temps et même au-delà. Normal, tous deux facturent au temps passé. Mieux vaut donc que la consultation ne vire pas à l'auscultation. Et que vous ne vous attendrissiez pas trop sur les photos.

On est toujours un peu gêné quand on entre dans un cabinet d'avocat parce qu'on n'est là que pour solder les comptes de ses amours c'est-à-dire régler de sordides détails d'intendance. Sauf que ce sont des détails qui comptent...

Cela fait des années qu'avec votre future Ex-épouse, vous ne parliez plus d'argent, ce petit problème ayant été réglé une fois pour toutes au lendemain de votre mariage...

Si votre épouse travaillait, vous étiez convenus de sa participation au budget de l'association conjugale. Cotisation minimum, membre actif ou... bienfaiteur, c'était à vot' bon cœur, m'dame...

Pour les femmes au foyer, après calcul d'un business plan matrimonial, même topo : vous aviez décidé ensemble d'un virement mensuel de votre compte sur son compte, somme intégrant des paramètres tels que le nombre d'enfants, son goût pour la déco, les fringues et la bimbeloterie. Et vous n'aviez plus jamais parlé d'argent. Sauf quand, de temps à autre, votre banquier vous écrivait en se fâchant tout rouge à propos de votre compte « monsieur et madame »...

Et voilà que, d'un seul coup, vous allez devoir jouer les Auvergnats natifs de Saint-Flour et discuter le bout de cantal, laguiole au poing.

Parce que vous êtes plutôt de Paris, Lyon ou Marseille, dans un premier élan de sincérité amoureuse, vous êtes prêt à tomber à genoux et à prendre tous les péchés du monde sur le dos en lui allouant tout ce qu'elle demande. Tête penchée, mains écartées, paumes vers le ciel. Genre *Agnus dei qui tollis peccata mundi.*

Les manches d'avocat, ça fait toujours de l'effet...

Effondré, l'avocat ! Qu'il soit mâle ou femelle. Parce que c'est son boulot de vous faire économiser de l'argent et accessoirement de vous en prendre. Il vous toise comme si vous étiez un misérable résidu de l'humanité, une régression inavouable de l'espèce. Pour peu, il vous daterait au carbone 14 frère puîné de Lucy (trois millions d'années avant J.-C.).

En une séance, cet avocat qui ne vous connaissait pas et qui ne veut surtout pas connaître votre future Ex-épouse vous redonne votre dignité d'homme. Vous pensiez que vous aviez tout faux et elle tout vrai... Bullshit ! Entre vous et votre épouse, il rétablit la concordance des temps : Elle, il la décline à l'imparfait. Vous au plus-que-parfait.

L'homme en noir martèle ses mots sur son bureau.

— Ne vous a-t-elle pas quitté ?

— Si, maître !

— N'a-t-elle pas un amant ?

— Si, maître !

— Et vous voulez qu'en plus elle vous ruine ?

— Non, maître...

Là, l'avocat recule un peu son siège et prend la pose. Les effets de manche, ça déplace de l'air et ça compte dans les honoraires. Catégorique, il est : vous ne devez avoir dans cette affaire que deux objectifs et deux seuls.

1) Les enfants : avoir le droit de les voir le plus possible.

2) La pension : avoir l'obligation de payer le moins possible.

Point-barre.

Il faut être clair :

— C'est elle qui veut divorcer, oui ou non ?

— Oui, maître.

Donc, pas de cadeaux. Le romantisme judéo-chrétien, c'est terminé ! Votre Ex vous donne un coup de pied au cul et vous allez tendre l'autre fesse ? Allons donc ! Avec l'avocat, ce n'est plus un mouchoir que vous mettez sur vos sentiments mais toute une pile de Kleenex nouveaux, double épaisseur et avec encore plus de pouvoir absorbant. Pour une fois que vous ne pensez plus à l'Autre...

À la réflexion, finalement, ce doit être le genre cul bénit qui va à la messe tous les dimanches à 11 heures et donne à la quête un billet de 200 francs plié en six, avec suffisamment d'ostentation pour que tout le monde entende bien le bruit que ça ne fait pas dans la corbeille... Un mec qui croit en Dieu, Yahvé ou Allah, c'est peut-être rassurant. Elle peut se reposer sur ses certitudes.

Ouvrir un dossier contre sa femme, ça serre le cœur

Après la phase de mise en confiance, vient le moment un peu solennel d'ouvrir un dossier à votre nom pour lancer comme on dit la procédure, terme qui vous fait sauter la glotte dans la gorge.

Pour ce faire, l'avocat a posé devant lui une grosse chemise cartonnée rose avec marqué en gros caractères pré-imprimés :

NATURE DE L'AFFAIRE : *Divorce.*
POUR : *Votre nom.*
CONTRE : *Sa femme.*

Maintenant, il ne lui reste plus qu'à le remplir de pièces à conviction, de demandes d'honoraires et de relances pour demandes d'honoraires...

La première question concerne invariablement votre régime. Après les magazines féminins, les avocats sont les personnes qui parlent le plus au monde de régime :

— Alors, communauté ou séparation ?

Vous cauchemardez : cinq, dix, quinze ans auparavant, vous étiez assis dans le même style de bergère Louis XV. Sauf que cette fois-là, vous étiez en face du notaire de famille, la main gauche de votre épouse dans la vôtre. Et, comme la lecture de Saint-Ex vous avait appris que l'amour c'est regarder ensemble dans la même direction, vous regardiez donc tous les deux le clerc remplir ce document établissant votre régime matrimonial qui aujourd'hui peut vous ruiner ou au contraire vous sauver les meubles. Si vous aviez su...

Ensuite, l'avocat passe à l'inventaire de vos biens, ce qui ne fait jamais du bien. C'est à peu près aussi excitant qu'un constat d'huissier la veille d'une saisie. L'appartement ? À vous ou à votre épouse ? Madame travaille-t-elle ou se consacre-t-elle exclusivement à vos enfants ? Et le partage, vous l'avez fait ?

Le concert des petites cuillères qu'on partage, c'est toujours la cacophonie

On parle toujours du partage des petites cuillères comme d'un moment horrible. Mais s'il n'y avait que les petites cuillères... On oublie qu'il y a aussi les fourchettes, les couteaux, les couverts à poisson ou à entremets. La pelle à tarte avec sa lame ouvragée argent et vermeil dont il ne fallait absolument pas se servir sous peine de la tordre. La sonnette de table en argent pour appeler la bonne que vous n'avez jamais eue et que vous n'avez jamais pu changer parce qu'il n'y avait pas d'étiquette sur le paquet-cadeau. La paire de carafes Baccarat pour décanter le château-pétrus que vous n'avez jamais pu vous offrir.

L'inventaire est sordide parce que vous remontez le temps. Ce jour où, main dans la main, face à une vendeuse très souriante, vous cochiez sur une liste tout ce que vous vouliez pour meubler votre bonheur. Les assiettes à filets bleus pour tous les jours et à filets or pour recevoir. Les douze porte-couteaux en cristal Lalique représentant des teckels à poils longs qui sont toujours restés dans le placard. Bref, tout ce que les membres de vos familles respectives ou amis allaient vous offrir, six par six ou douze par douze.

Après, il y a aussi les meubles. Certains couples ont eu la prudence de recenser tous leurs achats dès l'échange du premier baiser. Ceux-là forcent l'admiration parce qu'ils n'ont perdu ni la mémoire ni leurs talons de chèques. Ils mettent noir sur blanc ce qui figurera plus tard dans la convention définitive de divorce à l'annexe « Liste et évaluation des meubles meublants ».

Nous récapitulons...

Un téléviseur Radiola sans télécommande : 800 francs.

Une table de salle à manger + six chaises + un centre de table avec douze tulipes en plastique rouge : 2 000 francs.

Une collection d'estampes japonaises avec des scènes totalement débridées : 3 400 francs.

Les œuvres complètes de Balzac, 172 volumes reliés plein Skaï : 4 000 francs.

Un tapis persan avec des trous de mites : 2 000 francs...

Plus diverses babioles dont vous seriez bien incapable de chiffrer le prix, sinon leur valeur sentimentale qui n'a évidemment pas de prix...

Voilà, à peu près, ce que vous souhaitez récupérer et sur quoi elle est d'accord. Avec une seule grave divergence : le lit conjugal que vous aviez choisi ensemble avec tant d'excitation comme on l'a dit plus haut. Hors de question de le lui laisser pour qu'elle y fasse des galipettes avec l'Autre.

À la réflexion, finalement, ce doit être le genre bernard-l'ermite. Le type qui s'installe dans les meubles de son prédécesseur en étouffant un bâillement d'aise, c'est peut-être rassurant. Elle se dit qu'à l'intérieur de sa rude carapace, il est souple d'échine et capable de se plier à toutes les situations...

L'avocat veut mettre votre Ex au pain sec et à l'eau. Et même pas minérale, carafe...

Pour justifier ses honoraires, l'avocat redouble d'expressions qui vous vont droit au portefeuille, comme : « Verser une pension alimentaire, c'est donner de l'avoine à un cheval mort... » Ou encore : « Après avoir pris une veste, vous voulez aussi y laisser votre chemise et repartir à poil ? C'est ça, ce que vous voulez ? » Bien sûr que non ! Il faut savoir que moins un divorce est consensuel plus la procédure traîne, et plus votre avocat vous adresse des demandes d'honoraires...

Alors, il fait les comptes de Madame. Il ne lui laisse pas lourd. Pour elle, ce sera jambon-purée à tous les repas. Mais dessert pour les enfants, on-n'est-pas-des-bœufs-tout-de-même. Ensuite, plus de voyages mais toutes les vacances dans le trois-pièces-cuisine de ses parents à Brie-sur-Mer. Plus de femme de ménage deux heures par jour. Plus de théâtre ni de cinoche, une fois par semaine. Et pour les fringues, elle pourra repasser (après les avoir lavées bien sûr). Et ce, tous les jours...

Mais l'hydre suprême, la bête noire de l'avocat, c'est la prestation compensatoire. Sous ce vocable anodin se cache la plus abominable machine de guerre anti-machiste fabriquée par une bande de Gorgones crypto-communistes pour faire rendre gorge aux hommes. En fait c'est la différence entre le nouveau niveau de vie de votre épouse et l'ancien. Du temps où vous la câliniez à coups de montres Swatch et de colliers Burma (ou Cartier et Boucheron selon moyens)...

L'histoire, l'avocat en a les yeux fous quand il vous la raconte. Comme s'il avait vu la bête du Gévaudan. Savez-vous qu'il a connu une femme divorcée d'un mineur de Lens épouser le frère du cousin de l'Aga Khan soi-même et continuer à percevoir ses 1 534 francs de prestation compensatoire. De la monnaie de singe pour elle. Mais la moitié de son indemnité de chômage pour l'ex-mari, lequel tirait une gueule noire et on le comprend...

Quelques jours plus tard, votre épouse vous appelle. Elle veut vous voir. Elle a sa petite voix flûtée, celle qu'elle prenait avant pour vous dire des bêtises tendres. Et vous, brave mais décidément incorrigible, vous faites fumer les semelles. Mimoun, c'est votre papa. Bip, bip, vous êtes déjà chez elle. Au bout de cinq minutes, vous tombez de la tour Eiffel. Tout ce dont elle voulait vous parler, c'est du problème de la prestation... — euh, comment dit-on déjà ? — ah oui, compensatoire...

La femme est une louve pour l'homme,
quand elle divorce...

Toute femme qui demande le divorce pense d'abord à l'avenir de ses enfants. Elle se métamorphose en une louve aux abois qui montre les crocs chaque fois qu'on aborde les questions financières. Vos petits Gaël et Christophe sont rebaptisés derechef Remus et Romulus. Et elle fait poser la première pierre du Capitole, au fond du couloir à droite de la roche Tarpéienne... Autant dire que c'est le début de la fin pour vous. Sauf si vous acceptez ses conditions. Sinon, elle prend les enfants comme monnaie d'échange.

C'est vrai que, nous les hommes, on a toujours un vrai souci avec les pensions alimentaires. Surtout si la future Ex gagne déjà sa vie. Bien sûr qu'on trouve normal de payer une quote-part pour qu'elle puisse dignement élever vos enfants. Mais on est agacé de ne pas savoir où passe notre argent. C'est un peu comme avec les impôts. On sait ce qu'on paie, on ne sait pas qui va en profiter. Sans compter, paraît-il, notre aversion pour tout versement de pension pendant les grandes vacances, ce que les tribunaux appellent « les périodes d'hébergement », arguant du fait que, puisqu'ils sont avec nous, leur mère n'est pas avec eux et n'a donc pas besoin de notre argent pour les entretenir. CQFD. À moins que...

Et là, on oublie totalement les enfants pour ne penser qu'à Elle. Qu'est-ce qui vous dit qu'elle ne va pas arpenter le Faubourg-Saint-Honoré de long en large, en sautillant de Lacroix en Hermès, de Gucci en Balmain au lieu de dévaliser « Du pareil au même » ou « Jacadi » pour vêtir votre progéniture laquelle comme par hasard n'a jamais rien à se mettre. Peut-être même en plus que ce n'est pas pour elle mais pour lui, l'Autre. Parce qu'elle se pique de le voir jouer les *fashion victims*.

Et lui achète des chemises avec des cols ridicules, des pantalons pattes de mammouth et des mocassins à bouts carrés jaunes, tout ça pour le sortir dans les cocktails en ville. Or, vous le sentez sans même connaître le mec : les fringues hyper-tendance, c'est le genre de truc qui lui va aussi bien qu'un marcel à un chimpanzé. Pas question de vous ruiner en bananes et en cacahuètes pour engraisser ce phénomène de foire et l'attifer...

À la réflexion finalement, ce doit être le genre gigolpince avec des pompes bicolores et une mèche de corbeau qui lui tombe sur l'œil. Le type qui écrase systématiquement ses cigarettes à côté du cendrier en prenant des poses avantageuses, c'est peut-être rassurant. Elle pense qu'avec lui elle sera à l'abri d'une agression quand il l'accompagnera tirer du fric au distributeur du coin.

L'avocat prend des notes avant de présenter sa note

D'une écriture plus ou moins ronde, l'avocat prend des notes en vous posant plein de questions. Toujours sur un bloc avec un Mont-Blanc, jamais sur son ordinateur. Pour ne pas faire inspecteur de police ou vendeur de chez Darty. Et il rédige ce qu'on appelle la convention temporaire de divorce.

Ça commence toujours dignement : on y parle d'autorité parentale conjointe, de résidence habituelle des enfants chez leur mère, de droit de visite et hébergement libre, à défaut un week-end sur deux...

Et puis on évoque les questions plus triviales : pension alimentaire à verser jusqu'à la fin des études des enfants. Prestation compensatoire et d'impôts de l'année à payer...

Et la question subsidiaire : Cela vous ennuierait-il de me verser un acompte sur mes honoraires ?

Chez l'avocat mâle ou femelle, la parole toujours est d'or. Rassurez-vous, les silences sont aussi décomptés. Ils sont d'argent...

Après avoir commis la faute de divorcer, on réclame un divorce pour faute

Quand on est divorcé débutant, on est tendre. On croit encore en l'amour de son épouse. On est le genre barracuda avec des dents de limande-sole ou encore requin mais en filets panés surgelés... Heureusement, on a un avocat qui une fois qu'il vous a ferré, ne lâche pas sa ligne comme ça. Vous avez beau vous débattre, il vous fait refaire surface. Il y a des jours où vous préféreriez rester au fond.

Qu'est-ce qu'un divorce pour faute ? Une séparation où chacun se balance à la figure des tombereaux d'injures pas très recommandables mais en recommandé. Chaque accusé de réception vous laisse un bleu à l'âme. Mais quand on est attaqué, il faut se défendre. Votre avocat a déjà sorti son casque à pointe et vous en tend un autre. Ce ne sont pas des frappes chirurgicales qu'il préconise mais la grosse artillerie. Courrier à en-tête de son cabinet...

Monsieur,

Je fais suite à l'entretien que nous avons eu ce matin. Comme nous en sommes convenus, vous voudrez bien trouver ci-joint un modèle de courrier qu'il faudrait que vos amis vous adressent avant que toute procédure soit engagée.

Par ailleurs, veuillez trouver ci-jointe l'adresse d'un détective privé destiné à rapporter la preuve de l'adultère...

Vous vous appelez Jacques, votre épouse Geneviève, votre meilleur ami Henri. À un dîner chez vous, ce dernier a fait du pied à votre épouse sous la table après avoir descendu son septième ou huitième verre de chablis, Clos-de-Quincy 97, Dominique Gruhier propriétaire. En vous penchant pour ramasser votre serviette, vous avez pris le gros plan de la chaussure en pleine figure. Heureusement, pour ne pas ajouter l'horreur à l'ignominie, il ne portait pas de mocassins jaunes.

Modèle de courrier à écrire par vos potes aussitôt suggéré par l'avocat :

Mon cher Jacques,

La douleur que l'on ressent quand on est abandonné par la femme qu'on aime est immense, mais quand à cette douleur s'ajoute le fait que cette femme soit partie avec son meilleur ami, cela devient insoutenable.

Jacques, je sais combien tu souffres aujourd'hui du départ de Geneviève avec Henri.

Tu t'interroges sûrement sur ce qui a pu conduire Geneviève et Henri à une telle trahison.

Ne cherche pas de réponse car tout cela échappe à la raison. Tu t'es toujours montré un mari exemplaire et un père prévenant.

Geneviève ne cache plus sa relation qui est désormais officielle et cela t'aidera peut-être à tourner la page. Pour ma part, je suis ton ami et à ta disposition chaque moment du jour et de la nuit pour parler avec toi et t'aider.

Il n'y a plus qu'à recopier et signer. Et faire plastifier. Par précaution. Les larmes du juge risquent de rendre la lettre illisible.

Quand on est un monstre, on est comme toujours le dernier au courant

Votre future Ex n'est pas en reste. Elle fait aussi à ses copines des témoignages accablants. Vous êtes cynique, tabagique, alcoolique et cyclothymique avec les enfants que vous claquez pour un oui et surtout pour un non. Le hic avec vous, c'est que vous êtes bourré de tics insupportables. Une cousine de la sœur de votre concierge aurait même cru vous apercevoir empêtré dans une attitude très suspecte avec une petite amie de votre fille aînée dans votre Nissan Micric dont la taille favorise la promiscuité mais ce n'est pas une excuse. Pis, vous portez des vestes vertes avec des cravates jaunes et des chaussettes bleues. Vous regardez la boxe sur Canal + et « La petite maison dans la prairie » sur M6. Vous êtes un monstre avec lequel toute vie conjugale est périlleuse.

Le divorce pour faute, c'est ça. Une guerre de tranchées au fond desquelles chacun patauge, ventousé dans une gangue de boue, en regardant un ciel de plomb lui tomber sur la tête. Il faut bien répliquer. Alors, à votre tour, vous balancez. À y bien réfléchir, maître, elle s'occupait beaucoup plus de son poisson rouge que de moi. Elle l'aimait tellement qu'elle ne cessait de le pêcher dans son bocal pour l'embrasser. Au risque de le faire mourir d'asphyxie car, soit dit en passant, quand elle vous embrasse, on est carrément en apnée... Ç'a un nom, maître : la zoophilie...

Le pire, c'est qu'il vous écoute, l'avocat. Il prend même des notes avec son Mont-Blanc ! C'est bon quelquefois de se sentir soutenu...

L'APRÈS-SÉPARATION

Reconnaître qu'on n'a pas été toujours un père parfait (ou quand on fête la deuxième naissance de ses enfants)

Le divorce a au moins une vertu. On y perd une femme, on y gagne des enfants. Car il faut bien aller à confesse et avouer qu'auparavant, dans le ménage, c'était surtout madame qui s'occupait de votre progéniture. Pendant des années, vous avez été le grand absent. Et, au final, le grand perdant. Dans votre mea culpa intérieur, vous sentez bien que le quotidien de la famille, vous l'avez sûrement par trop négligé. Vrai que s'il n'y avait pas eu la kermesse de fin d'année, vous sauriez à peine où est leur école. Vrai que vous auriez du mal à dire combien chausse l'aîné et si la cadette veut faire plus tard ministre de la Santé ou esthéticienne. Un seul point à faire valoir aujourd'hui à votre actif : pendant que vous battez votre coulpe, vous ne frappez pas vos enfants. Mais non, n'appelez pas les flics ! Je plaisantais...

Cela dit, votre épouse aurait presque aimé que vous leur en donniez plus souvent, des fessées. Histoire de montrer que vous vous investissiez autant dans leur éducation que dans votre boulot. Elle adorait vous culpabiliser : vous vous rendez compte, vous ne vous souveniez même pas de l'âge exact de vos enfants. Vos justifications lui semblaient courtes : « Ça change tout le temps », « On en a fait tellement »...

C'est vrai que, chaque fois que vous réserviez des places d'avion à tarif réduit dans une agence de voyages, vous étiez obligé d'appeler votre femme en douce, sur votre portable, pour lui demander leurs dates de naissance. Si l'hôtesse en face de vous était tout juste fiancée, elle vous regardait parler d'un air horrifié : « Enlève ta barbe, monstre. On t'a reconnu, Gilles de Rais. » Si elle était mariée avec sept enfants en bas âge, elle suivait votre conversation avec un sourire indulgent. Pour vous confier quand vous aviez raccroché : « Vous savez, mon mari c'est pareil ! »

« Refiler le bébé », ce n'était pas pour vous qu'une simple expression...

Dès la première minute à la clinique, vous aviez compris qu'un enfant, c'était très mignon mais très bruyant. Et que, même minuscule, ça monopolisait l'attention. Rien ne vous a jamais plus attendri que ces petits êtres vagissants qui se balafrent le nez en voulant téter leur pouce et qui s'époumonent avec la voix d'Aretha Franklin pour réclamer leur biberon. Le seul problème, c'est que, comme la plupart des hommes, vous n'avez jamais su par quel bout les prendre, ces tout petits bouts de chou.

La première fois que vous avez voulu saisir votre petit Cyril dans son berceau, emmitouflé qu'il était dans ses brassière, culotte, couche-culotte, le tout drapé dans un châle en mohair de quatre mètres carrés, vous vous attendiez à soulever un parpaing de dix kilos.

Là, stupeur : c'était léger comme un poussin de

plumes. Attendrissant comme un petit flocon solitaire perdu dans un ciel tout blanc... La tête penchée, vous poétisiez, vous gagatisiez. C'est à ce moment que votre petit Cyril s'est mis à hurler dans vos bras comme une alarme de voiture. En cherchant en plus à vous téter le sein. Des braillements si stridents que vous avez refilé le bébé vite fait à votre épouse. Ce premier geste symbolique accompli dans le cadre ouaté d'une maternité n'était que le prélude à ce qui allait devenir une habitude...

Pendant des années, les enfants, vous n'avez fait que les apercevoir parce que vous bossiez comme un fou. Vous les croisiez vaguement le matin, l'air pas encore réveillé. Vous les croisiez vaguement le soir, l'air déjà endormi. Un baiser sur le front, un œil sur le carnet de notes, une main au porte-monnaie pour l'argent de poche.

Plus la sortie obligée du samedi soir chez McDo pour revenir avec les horreurs en plastique du menu enfant qu'ils laissaient toujours sur le siège arrière de votre voiture avec leurs gobelets vides de maxi-Coca. Ce qui vous amène d'ailleurs à vous poser une question : pourquoi chez McDo vont-ils soigneusement vider leur plateau dans la poubelle, et dans votre bagnole ils laissent tout en vrac ? Ça doit être le grand clown à l'entrée, avec ses chaussures qui font du 53 et ses pantalons de golf écossais, qui les terrorise. Faudrait peut-être réfléchir à s'acheter une autre paire de pompes (noires)...

Le week-end, vos dialogues avec vos enfants se résumaient à quelques phrases et se modulaient toujours de la même façon. Un peu comme un air d'opéra qu'on n'en finirait pas de fredonner :

Vous commenciez, *mezza voce* :

— Tu as bien dormi mon/ma chéri(e) ?

Un peu plus tard, *allegro ma non troppo* :

— Bois pas trop de Coca, c'est pas bon pour tes dents.

Un peu plus tard encore, *allegro* beaucoup plus *troppo*, genre vivace :

— C'est quoi ce « 2 » en arithmétique sur ton carnet ?

Et pour finir, au moment du coucher, à nouveau *mezza voce* :

— Dors bien mon/ma chéri(e) et fais de beaux rêves...

Chérie, dans quel tiroir tu as rangé le mode d'emploi des enfants ?

Sûr que ça vous change votre vie une bande d'enfants chez vous le week-end. Plus possible de travailler dans le salon sur votre nouveau dossier colombien — et cette fois-ci pas une petite affaire, une énorme boîte de Cali, presque un cartel, qui a défriché la jungle pour planter des hectares de canne à sucre et qui exporte des tonnes de sucre glace aux USA et dans toute l'Europe — sans vous prendre un coup d'épée d'Ivanhoé dans le dos, une fléchette d'Aigle noir dans la nuque, ou beaucoup plus dangereux encore, une question en pleine figure, genre : « Papa, pourquoi quand on bâille, tout l' monde bâille aussi, hein ? » D'un seul coup, ce gosse vous ruine votre nuit. Putain, la question rouge vacharde...

Vous vous sentez nul, incapable que vous êtes de donner à cet enfant perdu sur la voie obscure et semée d'embûches de la Connaissance le coup de lanterne salutaire. Alors que vous l'avez la réponse : on se couche tôt, le lendemain on ne bâille pas. Mais un enfant, ça veut toujours se coucher trop tard. Résultat, tout le monde bâille...

Alors, vous méditez comme un fou, en position du lotus, jambes en tailleur et mains sur les cuisses pour déterminer la conduite à tenir... Chez vous, c'est plutôt l'École des Fans à l'année. Vous apostrophez votre progéniture avec la voix niaise de Tonton Martin, l'homme qui avait si bien compris les enfants qu'il se mettait à leur niveau pour leur parler : il se penchait.

— Dis-moi, comment tu t'appelles, toi ?

— Abdallah !

— Ah ! je me disais bien aussi que j'avais déjà vu ta tête quelque part, mon petit Abdallah... Oh ! mais voyez comme il est gentil cet enfant, c'est un cigare là que tu m'offres ? Il est pas beau ce cigare, mesdames et messieurs ? Mais sais-tu, mon garçon, qu'on n'a pas le droit de fumer sur les plateaux de l'ORTF ? Alors voilà, tu vas le remettre dans ta poche et, ce soir, tu l'offriras à ton papa. Qui c'est qui va être très content ce soir, c'est le papa du petit Abdallah, hein !

Malheureusement, vous n'avez pas vraiment fait mieux. Vous n'avez même pas fait l'effort de vous pencher... Il faut dire à notre décharge, nous les hommes, quand on se retrouve avec les enfants, on a beau retourner toutes les poches de leurs blousons Nike, il n'y a pas le moindre mode d'emploi. Quand, du jour au lendemain, on colle des enfants à un père, c'est à peu près comme si on lui refilait un puzzle modèle géant de 2 400 pièces. Sans le couvercle de la boîte avec la photo, pour aider.

Même sans Jacques Pradel, on peut retrouver des enfants perdus de vue...

À moins de tomber sur une hystérique maniaco-dépressive grave qui transforme son appartement en Fort Chabrol et vous interdit d'approcher les enfants — sinon elle vous casse sur la tête son flacon géant de N° 5, modèle présentation boutique —, votre droit de visite c'est un week-end sur deux. Grosso modo. Vos nouveaux rapports avec les enfants dépendent donc de vos nouveaux rapports avec la maman. C'est elle qui va les orchestrer et donner le « la ». Après, c'est à vous de vous mettre au diapason, évidemment...

Il y a l'Ex qui veut que tout se passe bien. Parce qu'elle se sent un peu responsable du divorce qu'elle demande. Un peu coupable aussi vis-à-vis des enfants. Avec celle-là, c'est le rêve. Au téléphone, elle a toujours une voix douce et onctueuse comme une crème Flanby à la vanille. Son leitmotiv : « Comme ça t'arrange ». Elle fait un travail psy d'enfer auprès de votre progéniture. « On dit bonjour à papa. Non, on ne mord pas papa, on l'embrasse... Maintenant, on dit merci à papa qui a été très gentil avec vous et qui va s'en aller. Non, on ne mord pas papa, on l'embrasse pour lui dire au revoir... » Elle vous donne des conseils de jeux, des idées de promenade, des trucs pour les faire tenir tranquille... Elle va même jusqu'à vous corner à l'avance les pages du Laurence Pernoud (à l'usage des maris vraiment très largués, je narre : c'est la dame qui a écrit *J'élève mon enfant*, 1re édition, Flammarion, Paris, 1992. Le vade-mecum des parents déboussolés. Si gentille, si irremplaçable qu'il y a des jours où vous vous demandez bien pourquoi vous êtes en instance de divorce.

En plus, depuis qu'il y a l'Autre dans sa vie, elle a superbement changé. Vous la croisez dans l'entrée en venant chercher les enfants. Et manquez vous prendre les pieds dans le paillasson. Ce n'est plus l'image un peu nunuche de la bobonne avec son plat de nouilles sur la tête, ses quatre kilos en trop et ses tailleurs Maud Griffon. Cheveux courts, jean Versace, rouge à lèvres flamboyant, mince comme une brindille, elle est resplendissante.

C'en est même un pincement au corps chaque fois qu'elle vient à votre rencontre. Vous ne pouvez vous empêcher en l'embrassant de fouiller dans son regard afin d'y lire des signes. Indifférence à votre égard, lassitude de sa situation ou, qui sait, quelques braises d'amour pour vous sur lesquelles vous pourriez souffler ? Si elle a des cernes, vous y cherchez des traces. Une fatigue, une nuit d'amour ou, qui sait, une pluie de larmes parce que son mec l'aurait quittée ?

Dire qu'hier cette femme était votre épouse... Vous la serriez dans vos bras. Comme chaque jour depuis des années. Et qu'aujourd'hui elle se tient à distance. A du mal à vous laisser l'embrasser. Pour un peu, elle vous tendrait la main. Vous voudriez passer du bisou sur la joue au baiser sur les lèvres, ce serait deux claques. Et elle appellerait les flics en hurlant au viol.

Mais le lendemain, vous ne pouvez vous empêcher de lui écrire un mot, style : « C'est bête qu'on ne soit libre ni l'un ni l'autre. Sinon je t'aurais bien demandé de m'épouser... »

Avec l'Emmerdeuse, vous ne prenez plus vos enfants, vous les enlevez...

Et puis, il y a l'Emmerdeuse qui vous pourrit la vie. Celle qui, quelque part, vous en veut à mort parce qu'elle vous considère comme responsable du divorce qu'elle demande. Et les enfants deviennent des otages. L'Emmerdeuse n'est jamais d'accord sur les visites, ni sur les week-ends. Et toutes les excuses sont bonnes pour celle qui veut faire de la rétention de progéniture : la petite a un petit rhume, le grand un grand rhume ; et le moyen se sent moyennement bien.

Si elle ne vous les joue pas malades imaginaires, elle trouve plein d'autres prétextes pour vous squeezzer. Parce qu'elle a cassé un vase et a eu peur de prendre deux claques, Sarah s'est paraît-il enfermée dans sa chambre. Et a avalé la clef. Votre épouse a aussitôt appelé un serrurier et un chirurgien. Mais le temps qu'ils viennent dépanner, surtout un week-end, ça risque d'être juste pour vous la donner...

Éric, lui, attend un e-mail d'un petit correspondant au Japon qui doit lui fournir un prototype de bille révolutionnaire pour sa collection. Une agate avec microprocesseur incorporé qui permet de décaniller toutes les billes qu'on vise. Un truc dingue : à la récré, ça va être la pichenette du siècle. Du coup, depuis ce matin, il est scotché à l'écran de son iMac. Pour l'en décoller, elle a tout essayé (White Spirit, alcool à 90° et même les fraises Tagada), rien à faire...

Obtenir vos enfants, c'est la croix et la barrière. Surtout la barrière. Pour ne pas faire une croix dessus, il vous faut mettre en place une relance téléphonique incessante, envoyer papier bleu sur papier bleu et faire établir constat de carence sur constat de carence. À moins d'être milliardaire, il ne vous reste plus qu'une solution pour vous en sortir financièrement : vous pacser avec un huissier.

Quand enfin elle condescend à vous les donner, elle est du genre à lâcher aux enfants juste avant votre arrivée :

— Sortez avec votre père puisque vous y êtes contraints légalement. Moi, je vais rester à vous attendre. Ici. Toute seule... En plus, il n'y a même pas Santa Barbara cet après-midi à la télé...

Inutile de vous dire que, quand vous entrez en scène, la salle a été bien chauffée. À peine passé la porte, ils se roulent par terre dans leur chambre en hurlant qu'ils ne veulent pas venir avec vous. Vous leur avez apporté une poupée, une F 40 Solido jaune et, pour l'aîné, la *Critique de la raison pure* de Kant en édition de poche. Et vous vous retrouvez planté là dans l'entrée avec vos cadeaux à vos pieds, genre sapin de Noël qu'on enguirlande. Un 12 mars, ça fait désordre et surtout hors saison...

Comment peut-on se venger de la sorte sur les enfants ? Bien sûr, vous n'êtes pas parfait. Avec le mode d'emploi que vous avez réussi à vous procurer auprès de gens bien informés, vous vous emmêlez un peu et vous ne comprenez pas tout. Mais si vraiment elle les aimait autant qu'elle le dit, elle essaierait de vous aider. Au lieu de vous scier la branche à la tronçonneuse...

Sur le chemin du retour, vous allumez votre autoradio sur Nostalgie. Et, comme par hasard, vous entendez Reggiani bêler « Ce soir, mon petit garçon, mon enfant, mon amour ». Alors là, c'est la totale. La complète œuf-jambon-fromage... Jamais vous n'avez trouvé les crêpes bretonnes aussi bourratives.

Se recevoir enfin cinq sur cinq (ou comment s'apercevoir un peu tard que vos enfants étaient des interlocuteurs privilégiés)

Désormais, dans votre nouvelle vie, vous parlez aussi avec vos enfants. C'est pas toujours facile de renouer un dialogue, surtout quand il ne l'a jamais été. Alors comme dans les dîners en ville où on ne sait pas quoi dire à son voisin, vous commencez par parler boulot. Leur boulot. Vous alors, dans le genre incorrigible...

En commençant par le commencement. Vous découvrez à quoi correspondent les CP, CM1, CM2, etc. De votre temps, ça allait de la onzième aux terminales. Vous n'avez pas l'impression que ces sigles révolutionnent l'enseignement. Mais bon...

Ensuite, l'un de vos enfants vous parle de lecture-compréhension, une autre appellation bien hard qui vous donne rétrospectivement envie de sécher le cours et d'aller fumer dans les chiottes.

— C'est quoi ça ?

— Supersimple, p'pa. On lit un texte — par exemple, ce matin c'était sur Christophe Colomb — et la maîtresse ensuite pose des questions.

— Ah, une interro orale, quoi.

L'autre vous ramène des notes sur un contrôle d'expression écrite. Vous sursautez comme si vous aviez failli marcher sur une mygale. C'est quoi ça encore ?

— Supersimple p'pa. On te donne un sujet et tu racontes.

— Ah, une rédac, quoi.

Et je vous passe l'analyse fonctionnelle qui n'est jamais qu'une bonne vieille interro de grammaire, etc.

Abasourdi, vous êtes, par les fabuleux progrès de cet enseignement qui consiste depuis trente ans à changer surtout les mots. Vous vous demandez bien pourquoi les profs descendent dans la rue chaque fois que le nouveau ministre de l'Éducation veut faire sa réforme. Peut-être ont-ils peur des mots, tout simplement ?...

Quand ils débarquent chez vous pour le week-end, ils charrient un cartable qui pèse une tonne. Et étalent des cahiers et des livres plein la moquette du salon. Ce sont tous leurs devoirs à rendre le lundi. Vous leur proposez de les aider à les résoudre pour pouvoir manger plus vite la pizza surgelée aux trois fromages qui est pratiquement cuite.

Mais se pencher sur leurs problèmes par-dessus leur épaule c'est vous précipiter dans le vide. Et tomber de haut. Côté culture, vous pensiez être champion et vous vous apercevez avec effarement qu'à « Questions pour un enfant », vous finissez bon dernier. Sans doute parce que vous n'avez pas eu la présence d'esprit de préparer des antisèches.

Histoire : Le Régent par rapport à Louis XV c'était qui ? le cousin, l'oncle. Ou bien une vieille tante ?

Géo : la capitale de la Tanzanie c'est ?...

Arithmétique, là c'est une devinette : Vincent mit 314 vaches dans un pré et 116 dans l'autre, combien cela fait-il de pis ???

Résultat, vous séchez sur tout. Vous planquez sous votre lit l'encyclopédie *Universalis* en dix volumes pour la consulter en douce et ne pas avoir l'air de trop démériter. Maintenant, quand vos enfants prononcent le mot culture, vous sortez votre revolver. À bouchons...

Un bon père, ça écoute ses enfants
et ça collectionne leurs bons mots...

Petit à petit, on apprend à parler d'autre chose que de boulot. À passer du silence à la confiance. Vous découvrez que Julien (treize ans) a déjà embrassé trois filles à l'école. Et pas que sur la joue. Dans le cou aussi... (sa précocité vous ravit : à son âge, c'est déjà le portrait de son père...) Que Sybille (huit ans) a 132 francs et 35 centimes dans son porte-monnaie et qu'elle aimerait bien que vous lui donniez un billet de 50 francs pour que ça lui fasse 150 francs tout rond... (Celle-là, faudrait lui faire donner des cours du soir d'arithmétique. À moins qu'elle ne soit beaucoup plus forte qu'elle n'en a l'air...) Que Jules (trois ans) a un copain à l'école qui s'appelle Ernest, eh ben il a cassé le ballon sur la tête de Rémy, oui oui et que il a... oui oui et que... Pas sûr d'avoir tout compris, vous lui faites répéter...

— Ernest, eh ben, il est plus mon copain...

— Ah ???

(Bon, d'accord, celui-là il fait un peu tache. Mais attention, il est encore très jeune. Il a bien le temps de devenir un génie comme les autres...)

Au fil des sorties, vous devenez de plus en plus fier de vos enfants. Vous collectionnez leurs bons mots. Vous les envoyez régulièrement à *Parents* pour leur rubrique « Déjà de l'humour ». Vous avez gagné deux abonnements de six mois à ce magazine auquel par ailleurs vous étiez déjà abonné à tarif préférentiel pour quarante-huit mois. Pas grave, vos enfants sont très drôles. Leur parole est déjà d'or, ça suffit à vous combler. Pas la peine d'avoir de l'argent en plus.

Mieux encore, vous qui avez toujours parlé boulot à la maison mais jamais parlé maison au boulot, vous n'en revenez pas. Voilà que vous vous mettez à raconter les derniers bons mots de vos enfants à votre secrétaire qui boit vos paroles parce qu'elle a soif d'enfantillage. Six ans que les autorités ukrainiennes la font lanterner pour adopter un petit Boris qu'elle a choisi sur photo à quatre mois dans un orphelinat et qui va finir par avoir du mal à rentrer dans les dizaines de chaussons et de brassières qu'elle lui a tricotés au fil des années. Vous en avez même raconté un à votre président à l'arbre de Noël de fin d'année :

Vous sortiez de votre douche. Votre fils a passé la tête par la porte et a poussé un cri : « Papa, papa regarde ton ventre, t'as avalé toute l'eau de la douche. Recrache-la vite ! » La boutade de votre fils est tombée à plat vu que le président était le nez jusqu'aux oreilles dans le décolleté de l'attachée de presse de la boîte qui l'aidait à distribuer les cadeaux aux enfants.

Mais ce n'est pas parce que la confiance est revenue qu'ils ne vont pas vous désarçonner de temps en temps. Même si vous êtes droit dans vos bottes !

Pour se faire entendre des petits enfants il faut toujours parler dans le micro...

Quand ça a cinq, dix ou quinze ans, que ça n'a pas assez dormi, que ça a un rhume ou encore un problème métaphysique concernant la validation de la théorie de l'Entropie et de la Néguentropie chez Teilhard de Chardin, un enfant c'est toujours de très méchante humeur. Là, ça peut vous balancer au moment où vous allez le coucher :

— Laisse-moi, j'en ai marre de te voir. Je voulais pas venir, je voulais rester avec maman...

Sympa ! Surtout quand vous avez passé la journée ensemble à dévaliser les magasins de jouets, de fringues et de disques sans oublier les pâtisseries ! Alors vous montez sur vos talonnettes pour hausser le ton :

— Dis-moi microminus, tu sais qui je suis ? Non, eh bien je te l'apprends : je suis ton père, je mesure 1,79 m au garrot et toi, 32 cm aux couches-culottes. Alors tu te calmes et tu suces ton pouce, OK...

Pour faire moins père Fouettard et plus tendance, vous pouvez aussi moderniser l'admonestation. Et changer de micro :

— Dis-moi microbiotique, tu sais qu'il y a des jours où, tout mon fils que tu sois, tu fais exprès de me gaver et que je ne digère pas trop les conneries que tu me lâches ?...

Ou plus tendance encore...

— Dis-moi Microsoft, tu ne veux pas me faire tout de suite pomme Z pour effacer ce que tu viens de dire, parce que sinon c'est pas une souris que tu vas te prendre dans la figure mais un mulot géant...

Au téléphone c'est généralement « ah salut papa, tu veux parler à maman ? »

Quand vous prenez des nouvelles des enfants le soir au téléphone, ne vous étonnez pas s'ils vous répondent d'une voix absente. C'est qu'ils sont vautrés devant la télé, les pieds sur le canapé avec leurs chaussures pleines de boue. Donc, ne vous vexez pas, potassez bien *Télé 7 Jours*, *Télé-Star* ou *Télé-Loisirs*. Et visez entre les émissions. Si votre future Ex-épouse est branchée câble ou satellite, sûr que ça complique. Faut trouver le créneau parce qu'il y a embouteillage et ça klaxonne derrière.

Dans ce cas-là, tentez l'heure du dîner. Mieux vaut l'enfant qui vous parle la bouche pleine que celui qui vous écoute, l'œil vide, parce que en même temps il regarde Zorro debout sur une table, épée à la main, en train de percer une boutonnière dans la veste du sergent Garcia.

Et puis, si vous avez plusieurs enfants, vous avez toujours une chance d'en trouver un qui n'a pas faim et qui sera ravi du prétexte pour sortir de table. Pour dire ensuite : « J'en veux plus, c'est froid... » Mais, faites l'impasse sur l'enfant privé de dessert parce qu'il a balancé une cuillère de Petit Musclé dans l'œil de sa sœur. Il ne sera que pleurs. Vous n'aurez plus l'impression de tenir un téléphone à la main mais un pommeau de douche...

Autre mise en garde avec les enfants, ne pas se formaliser de leur manque apparent de chaleur qu'ils vous manifesteraient après une absence. Ils n'ont pas la même appréciation du temps qui passe. Nous, on sait d'expérience qu'il nous est compté. Eux pensent qu'ils ont la vie devant eux.

Exemple : vous partez deux semaines en voyage d'affaires, genre prospection en Papouasie septentrionale. Avec toute la mythologie habituelle : pygmées, cacatoés, boas constrictors, etc. Tout, sauf des téléphones. Au retour, vous culpabilisez grave. À peine descendu de l'avion, encore dans le couloir du satellite, vous branchez votre portable. Et avant même d'écouter vos messages, vous les appelez. Ça donne à l'autre bout :

— C'est qui ?

— C'est papa !

— Ah ça va ? Je te passe maman ?

Et quand ils débarquent chez vous le week-end suivant, après vous avoir embrassé, ils cherchent du regard les cadeaux. À la dérobée, parce que évidemment ils sont bien élevés. Normal, ce sont vos enfants.

Côté cadeaux-souvenirs, on a généralement tout faux. Parce qu'on revient de Laponie, on pense qu'il faut leur rapporter un troupeau de rennes en peluche grandeur nature. Parce qu'on rentre de New York, une compagnie de taxis jaunes miniatures. Vous êtes chaque fois debout sur votre valise pour faire rentrer tout ça. Et, à l'arrivée, vous n'avez droit qu'à une petite moue. Il y a juste quand vous revenez de Cambrai et que vous leur rapportez un énorme sac de bonbons qu'ils s'extasient. Les bêtises, les enfants adorent ça...

Prendre un enfant par la main (ou comment passer dans votre tête du rôle de père au rôle de mère intérimaire...)

Être père de famille en instance de divorce, c'est d'abord se cogner un gros boulot de documentation. Collecter en librairie tous les guides qui ont trait aux activités pour enfants ; sans oublier les témoignages de collègues de bureau ou de copains dans le même cas qui vous indiquent les bons plans où vos enfants ne vont pas trop pleurer ou vous faire la gueule.

Parce que vous voyez arriver le mercredi et le samedi avec angoisse. Si vous n'en avez qu'un en bas âge, disons entre quatre et dix ans, c'est encore gérable. Tout dépend du volume que prend l'enfant, ce qui n'a rien à voir avec sa taille. Il y a des grands qui rentrent facilement dans le rang et des petits qui débordent énormément.

Chaque fois, vous vous demandez ce que vous allez pouvoir inventer. Les zoos où des singes croquant des carottes vous montrent leurs fesses ? Les théâtres de guignol où les enfants apprennent à développer leur capacité pulmonaire en criant chaque fois que le gendarme entre en scène ? Les cinémas avec la cote de l'Institut catholique, protestant ou l'avis du Grand Rabbin ? Les musées en herbe, les ateliers d'expression enfantine ou juvénile, les pâtisseries et surtout les confiseries ?...

C'est comme ça que tous les pères se retrouvent dans un parc d'attractions, debout au pied des manèges pendant que les gamins se lancent dans le pilotage d'un bus à impériale au volant fou ou le domptage d'un cheval de bois au coup de sabot mou. Les mains dans les poches, la tête dans les épaules, on bat la semelle. Quand on est novice en célibat, on n'ose pas affronter directement le regard des autres pères qui font cercle.

C'est à la dérobée qu'on leur jette des coups d'œil. Le petit gros en survêtement qui sautille sur place comme s'il craignait de prendre racine. Le brun à Ray-Ban et Rolex en or qui tient une valise de tickets de manège à la main et qui fait de bruyants coucous à son fils chaque fois qu'il passe à sa hauteur. Ou le cadre très supérieur et très chic en poil de chameau et gants de pécari qui s'assoit face aux balançoires et finit par sortir de sa poche un *Monde* plié en quatre. Et le lit tout en adressant de temps en temps un geste de la main à son petit Gaétan qui pleure, accroché à son trapèze.

Se faire peur avec l'image du père que les autres vous renvoient

Vous les dévisagez tous. Et vous vous trouvez pathétique. Parce que, qu'ils soient sapés survêtement Adidas ou trois-pièces Christian Dior, chaussés Nike ou Berlutti, tous les hommes se rejoignent finalement égaux dans leur malheur. Un divorce, c'est toujours l'histoire d'un mec qui se retrouve dans une fête foraine avec un, deux, trois enfants ou plus dans la main droite et un cornet de chichis à 15 balles les six dans la main gauche. Et vous, vous n'êtes ni mieux ni pire que vos voisins de manège. Vous êtes pareil : un mari largué.

Alors vous n'avez plus qu'une envie, prendre votre fils par la main et vous tirer au plus vite, le plus loin possible de cette galerie de miroirs déformants dans lesquels vous n'avez pas la force de vous regarder en face.

Évidemment, le fils en question n'est pas du tout d'accord pour partir. Il veut faire du manège. De tous les manèges. Les avions, les autos tamponneuses, le tir à la carabine et aussi la pêche à la ligne qui amuse toujours les enfants de sept à soixante-dix-sept ans. Rires.

Il se met du caramel plein la bouche avec sa pomme d'amour, de la chantilly plein les cheveux avec sa gaufre, du sucre filé plein les sourcils avec sa barbe à papa. Et du Coca plein ses baskets. Rires.

Il repart avec un ballon-Mickey, une panoplie de Zorro incluant sous emballage plastique pistolet, masque noir et menottes ainsi qu'un poisson rouge au bout d'un sachet gagné à la pêche à la ligne. Rires.

Vers midi, quand vous finissez par vous diriger vers la sortie, vous refusez de lui acheter un paquet de chewing-gum. Parce-qu'il-n'aura-plus-faim-pour-le-déjeuner... Plus rires du tout.

Hurlements. Supplications.

— T'es pas gentil, papa. Je t'aime plus. Je te donne plus la main.

Et il se couche en travers de l'allée. Tout spasmodique, tout violacé. Les mères de famille qui vous croisent poussent un peu plus vite leur poussette. Elles ont de la peine pour vous. Qu'est-ce que vous voulez faire ? Vous prenez votre enfant un week-end tous les quinze jours. Vous n'allez pas le regarder pleurer toute la journée.

Après la distribution générale de chewing-gums... et les rires, vous avez tout juste le temps d'acheter un aquarium, une forêt d'algues en plastique, des kilos de nourriture lyophilisée. Et un autre poisson rouge pour pas que le premier s'ennuie. Et un autre pistolet aussi parce que le colt du shérif s'est déjà cassé en déchirant l'emballage.

Arrivé le soir chez votre Ex, exténué, vous vous faites bien évidemment engueuler parce que votre fils a les pieds trempés, son écharpe dénouée et le col ouvert. Glapissements de la future Ex-épouse : merci pour le cadeau, c'est pas toi qui vas le soigner toute la semaine. Tu pourrais faire attention tout de même. En plus, c'est quoi ces horreurs ? Des poissons rouges ? Ça, c'est le bouquet. Tu sais bien que je ne veux pas d'animaux chez moi...

Allez essayer de lui rappeler que la psy estime que dans un processus parental séparationnel, côté transfert d'affection, les bestiaux à domicile c'est bon pour les enfants. Rien n'y fait.

— Ouais, et qui va se cogner tous les jours de nettoyer la bauge, changer la litière, etc.

— Euh, ce sont des poissons rouges, chérie. Pas un troupeau de sangliers...

— Arrête de me prendre pour une conne en détournant la conversation, tu veux bien !

Comme l'enfant est joueur, il faut savoir le prendre à son propre jeu...

Vous découvrez les astuces pour contourner la logique des enfants. Et c'est un jeu qui devient très excitant tellement il est merveilleux.

Exemple, l'enfant qui ne veut plus marcher :

— Papa, j' suis fatigué, j' veux que tu me portes !

À six ans, Jules pèse trente kilos. Et la voiture est encore à cinq cents mètres. Ces précisions chiffrées pour expliquer votre réticence. Surtout qu'il faut rajouter dix bons kilos avec tout le barda de cadeaux que vous charriez. Il faut donc ruser. Parce que au bout de toutes les gentillesses et les intimidations, il a maintenant un âge où rien n'a de prise sur lui. Alors là, vous vous arrêtez net. Lui aussi du coup.

— OK, OK, tu es fatigué et tu ne veux plus marcher. Alors, on ne marche plus... Tu sais ce qu'on va faire : on va courir... Le premier arrivé à la voiture, d'accord !

Et là, votre fils qui disait ne plus vouloir se traîner met la pâtée à Speedy Gonzalès...

Idem avec l'enfant qui ne veut pas manger et se roule par terre. Vous êtes, visiblement, à côté de son assiette, la fourchette en l'air pleine de purée et d'hamburger. Lui, tout aussi visiblement, n'est pas dans son assiette.

Alors, ou vous l'emmenez aux toilettes et lui mettez un doigt dans la gorge pour lui faire vomir la tablette géante de chocolat aux noisettes et le paquet de chips goût bacon qu'il a piqués dans la cuisine pendant que vous téléphoniez à sa mère.

Ou vous rusez :

— Dis un chiffrc cntrc un ct dix ?

— Euh, six !

— Bravo, tu as gagné !

Et vous lui fourrez une bouchée entre les dents. Tellement ému d'avoir gagné, généralement il l'avale. Là, il ne faut pas lui laisser reprendre sa respiration ni ses esprits. Et enquiller la suite :

— Dis un autre chiffre entre un et dix ?

— Deux !

— Incroyable, tu as encore gagné. Mais tu sais que t'es un vrai champion, toi...

Et hop, une nouvelle cuillère dans la bouche.

Avec les enfants après cinq ans, je signale que ça ne marche plus...

Il ne faut pas croire que le petit dernier est le dernier des derniers...

L'air de rien, vous aimeriez bien prendre aussi des nouvelles de l'Autre. Votre Ex est-elle toujours avec lui ? Y a-t-il eu présentation aux enfants ? De temps en temps, vous prenez le petit dernier à part pour le cuisiner. Un vieux truc que vous avez appris dans les feuilletons policiers : on doit toujours s'attaquer au maillon le plus faible pour faire craquer la chaîne. Mais il faut y mettre les formes. Vous l'installez donc dans un salon de thé sur trois piles de coussins. Vous lui commandez un Coca, un éclair au chocolat, une tarte au citron et une glace à la fraise. Avec des Malabars pétillants et le plein de bonbons Haribo. Et quand il a les joues bien maquillées, vous lui faites une allusion habile :

— Dis-moi, la nouvelle femme de ménage portugaise de maman qui m'a répondu avec une grosse voix ce matin au téléphone, elle est très velue comme fille, tu trouves pas ?

— Ça veut dire quoi très velue ?

— Oh rien, laisse tomber, finis ta glace.

Fin, le maillon faible. Très, très fin...

À la réflexion, ce doit être le genre instit qui ne badine pas avec l'éducation des enfants. Un type qui leur tape sur les doigts quand ils mettent les coudes sur la table, leur fait réviser tous les soirs leurs leçons et joue au foot avec eux comme s'il était dans une cour de récréation, c'est peut-être rassurant. Elle se dit que sa progéniture pourra dépasser le certif et viser au moins le bac S...

Prendre deux de vos enfants par la main droite et les trois autres par la gauche (ou comment passer dans votre tête du rôle de père à celui de plusieurs mères...)

Samedi, 8 heures du matin. Sonnette de la porte d'entrée. C'est Ikea, Habitat ou Conforama qui vous livre les lits superposés que vous avez commandés suite aux trépignements de vos enfants. Ils voulaient absolument une échelle pour grimper dans leur lit comme dans une cabane en haut d'un arbre. Dont acte.

Voilà pourquoi, aux aurores, vous sautez dans votre imperméable pour recevoir le livreur qui a déjà sonné trois fois en trois minutes. Et lui faire croire que ça tombe bien qu'il arrive parce que vous partiez faire une course. Pieds nus ? Ah oui, c'est simplement que vous êtes distrait... Question : pourquoi alors que, sur votre bon de commande, il est stipulé que la livraison s'effectuera entre 8 heures et midi, un livreur passe-t-il toujours à 8 heures pile quand vous avez envie de dormir, et à midi pile quand vous avez besoin de sortir ?...

Une signature et vous vous retrouvez, hagard, devant un monceau de cartons. Après avoir bu deux ou trois cafés bien serrés, mieux vaut vous asseoir par terre pour décrypter le mode d'emploi. Les textes sont en français, les dessins en chinois. Dico en main, vous apprenez à identifier les vis, petites, moyennes ou longues, les écrous y afférents et les rondelles en les sortant avec précaution de leurs sachets en plastique.

Vous voulez que je vous dise, pour un homme, hormis la douleur de la séparation, un des vrais problèmes du divorce dont on ne parle pas assez, c'est comment vous faites pour tenir deux montants de lit ensemble, un tournevis à la main, tout en attrapant une vis et en cherchant l'écrou que vous avez shooté à l'autre bout de la chambre...

C'est alors que vous vous étonnez vous-même. Vous ahanez depuis moins d'une heure que le lit est déjà presque monté. Pour vous apercevoir à ce moment-là que vous avez sauté une page et qu'il vous faut tout redémonter. Exactement comme l'autre fois...

On sort les mouchoirs : grosse sueur et petite larme... C'était pour la naissance de Clarisse, l'aînée. Avec votre épouse, vous aviez acheté un lit en kit dans une grande surface. Ensemble, vous aviez porté les cartons jusqu'à la chambre du bébé. Ensemble, vous aviez tout monté. Ensemble, il vous avait fallu tout redémonter, riant de votre bévue.

Enfin, ensemble, main dans la main, vous vous étiez assis pour contempler le lit installé. Et rêvé au bébé. Ce petit être d'amour qui allait bientôt vous vriller les tympans à minuit, 2 heures, 4 heures et 6 heures du matin en réclamant ses biberons.

Votre maman adoptive, c'est devenu Laurence Pernoud...

Quand vous avez à peu près toutes les tailles de gosse en magasin, ce n'est pas facile à gérer. Votre coffre de voiture ne ferme plus : un carton de Pampers ultra-absorbants, un tricycle, une paire de rollers, plus tout un tas de cahiers et de bouquins pour les interros de lundi. Avec tout ça, le week-end devrait être radieux. Mis à part les quelques petites ondées inévitables mais passagères prévues pour l'après-midi du dimanche...

Pourtant quand, après les avoir tous arnachés à l'arrière, vous annoncez le programme, c'est l'émeute dans la voiture. Vous vous garez précipitamment sous peine de risquer l'accident. Et là, vous avez intérêt à les calmer dans les cinq minutes, sinon c'est la DDASS qui encercle la voiture.

— Zen, papa. Zen !

— OK, les enfants...

Vous sortez alors votre bible de la boîte à gants, c'est-à-dire Laurence Pernoud et vous priez pour que votre cas figure dans la table des matières. Ouf, il y est bien décrit, page 97. D'accord, dans le bouquin il s'agit d'une « voiture hippomobile ». Mais c'est pareil. Le livre n'a pas vieilli même si les enfants ont grandi. Déjà très en avance pour son temps, l'auteur vous suggère le dialogue avec vos monstres déchaînés plutôt que la paire de claques. Surtout il ne faut pas céder aux enfants sans rejeter pour autant toutes leurs propositions. Bref, vous êtes parti pour une négociation genre accords de Grenelle. L'après-midi sera chaud. Comme le mois de mai l'a été...

Grâce aux caissières des cinémas, vous retrouvez la mémoire des chiffres

Les salles multiplex sont la providence du père désarçonné quand il veut emmener ses enfants au ciné et que la gamme s'échelonne de quatre à seize ans. Si malheureusement le Big Mac fédère toute la famille, le choix du film est plus délicat. Grâce à l'invention du multiplex, vous pouvez en coller quelques-uns devant *Rambo l'éternel retour*, d'autres — si c'est l'époque de Noël — devant le dernier dessin animé de Disney et le reste devant *Le Silence* de Bergman dans le cadre d'un festival du cinéma suédois.

Progrès. Grâce aux questions des caissières sur les âges de vos enfants, vous êtes devenu incollable sur leurs dates de naissance. Normal, à force de vous entendre demander à tous les guichets l'âge de la colonne qui suit derrière, au pas cadencé et par ordre de taille, vous connaissez, au jour près, l'âge de chacun. Ce qui ne sert à rien : vos enfants ont toujours cinq ans quand il leur fallait en avoir quatre pour entrer gratis ; treize ans quand c'était douze pour payer demi-tarif, etc.

En revanche, la carte Famille nombreuse marche partout. Vous la brandissez à tout bout de champ parce que, malgré la demi-douzaine d'enfants qui sautent partout dans vos pattes, la caissière a la moue dubitative. Des fois que vous les auriez loués pour l'après-midi, rien que pour le plaisir de vous taper à demi-tarif *Astérix et Tintin contre le Prince d'Égypte* pour la troisième fois consécutive...

Pendant ce temps, vous arpentez le hall en engloutissant des seaux de pop-corn tout en guettant l'ouverture des portes pour être sûr de ne pas en perdre un sur le lot. À peu près aussi nerveux qu'un type dont la femme va accoucher. Imaginez la tête de votre épouse, si en les recomptant le soir, il lui en manquait un...

Côté tournoi de tennis, vous foncez droit dans le mur... de Berlin

Tous les psy vous le diront, l'apprentissage d'un sport est un formidable outil d'éveil. En tapant dans une balle ou éventuellement sur un petit camarade — au cas où ils auraient opté pour un sport de combat —, ils se forgent un mental en acier inoxydable. Un rêve pour les parents, oui, sauf que l'enfant il faut le véhiculer de tous les côtés. Leurs tournois, c'est évidemment les week-ends. Et généralement les week-ends où vous en avez la garde...

Prenez le tennis, par exemple. Vous vous retrouvez par un beau samedi de juin avec sur les bras une adolescente couverte d'étiquettes Nike ou Adidas des chaussures à la casquette, une housse bourrée de raquettes comme même les têtes de série n'osent en charrier aujourd'hui à Roland-Garros et un pack de six litres de Vittel. Pourquoi Vittel ? Because son slogan : « Buvez, éliminez... l'adversaire ! »

Tout ça est certes lourd à porter mais vous vous sentez léger : vous avez enfanté une pro.

Là deux scénarii :

Assis sur le banc de touche, vous vous retrouvez à côté d'une mère ou d'un père de famille qui a aussi enfanté une pro. Encore plus pro. Et qui en a bien conscience.

Mère et fille sont assises à attendre que le court se libère, mâchoires serrées, yeux baissés. Ça s'appelle la concentration. Elles ont vu ça à la télé dans les tournois du Grand Chelem et elles ne s'en sont pas remises. Inutile de leur dire bonjour, elles ne vous répondront pas. De peur de se fêler le mental. Pendant tout le match, la mère ne bougera pas un cil ni ne desserrera les dents. Il n'y a que ses yeux qui balaient le court. De droite à gauche ; de gauche à droite. Genre guerre froide, vopo surveillant du haut de son mirador le mur de Berlin dans le pinceau alternatif de son projecteur.

Les papas sont plus expansifs. À chaque point gagnant de leur fifille, ils décochent une amorce de coup de poing rageur en faisant un bond. Si vous partagez le même banc, vous sautez en l'air à chaque fois.

Sauf quand votre fille marque un point...

Là, la mère de famille adverse ne bouge pas plus les cils mais serre encore plus les dents.

Le père, lui, amorce le même coup de poing rageur mais en faisant un bond plus petit. Vous sautez en l'air encore. Mais un peu moins haut...

Votre fille à vous jure comme une harengère. On n'ose même pas répéter. Quand on est moins bonne joueuse, on est toujours mauvaise joueuse. Ainsi va le jeu...

À la fin du match, les deux filles se serrent la main en regardant ailleurs. La gagnante propose laconiquement à votre fille de boire un Coca. Cette dernière décline l'invitation. La réponse attendue. Esprit de Coubertin, es-tu là ? Si oui, frappe trois coups...

Quand les clubs de sport sont parfois des clubs de rencontres...

Deuxième scénario :

Assis sur le banc de touche, vous vous retrouvez à côté d'une mère ou d'un père de famille qui a enfanté aussi une pro. Mais un peu moins pro. Et qui en a bien conscience.

La mère a un sourire adorable quand elle vous voit arriver tous les deux. Elle vous indique le numéro du court sur lequel vos enfants vont disputer leur match, le score de la partie en cours ainsi que les prévisions météorologiques pour l'après-midi. Et aussi, au bout de quelques minutes de conversation, le club dans lequel est inscrit sa fille, ses notes à l'école, les soucis qu'elle lui pose. Pour finalement vous avouer que son mari l'a quittée pour une jeune fille au pair irlandaise pleine de taches de rousseur et de pulls en laine mérinos écrue et torsadée.

Le père de famille se présente et vous présente sa fille par son prénom. Il reconnaît qu'ils ne sont pas des habitués des tournois. Il sourit et s'excuse : son portable n'en finit pas de sonner. Il applaudit même votre pro de fille quand elle fait un amorti gagnant ou un passing osé et réussi.

Quand votre fille a bouclé son match 6/2, 6/0, tout le monde se retrouve au bar du club devant une menthe à l'eau avec plein de glaçons. La conversation prend un tour amène. Les filles promettent de se revoir. Ce sont déjà les meilleures copines du monde.

Le papa vous a déjà glissé sa carte. Il travaille dans la banque et il a des tas de bons plans à vous proposer pour vos petites économies. Avec les banquiers, le temps c'est toujours de l'argent. Il n'y a jamais de week-end...

La maman, elle, emprunte un Bic à la serveuse pour vous griffonner son numéro de téléphone au dos de la convocation de sa fille. Des fois que vos enfants aient envie de s'entraîner ensemble...

Quand votre fille soudain nubile s'abrite derrière votre protection...

Les enfants, on ne les voit jamais grandir. Peut-être d'ailleurs qu'on ne veut pas. Surtout votre fille aînée. Avec tous ces satyres qui traînent dans les rues. Alors, ça vous fait tout drôle quand votre future Ex-épouse vous appelle pour vous prévenir que votre fille... comment dire, enfin elle veut dire mais elle ne sait pas comment vous le dire. Mais elle vous le dit quand même...

— Excuse-moi mais, s'il te plaît, tu veux pas accoucher parce tes borgborygmes c'est plus de la périphrase mais de la péridurale tellement tu veux m'anesthésier ?

— Eh bien, ta fille est une femme !

— Je sais bien que c'est pas un mec !

(Rire gras puis de plus en plus maigre... Suivi d'un long blanc.)

— Tu veux dire que...

— Oui ! Mais surtout tu ne lui en parles pas...

Quoi ? Le bébé à qui vous donniez le biberon, dont vous talquiez les petites fesses roses qui vous attendrissaient parce qu'elles vous faisaient penser à un adorable petit cul de lapereau et que vous emmaillotiez sur la table à langer en la soulevant par les chevilles est aujourd'hui devenue à treize ans « une grande » ? Des garçons vont commencer à lui tourner autour. Lui prendre la main ? Le coude ? Le bras ? Et puis quoi encore ?

D'un seul coup, vous vous payez une collision frontale avec la réalité : vous pourriez déjà être grand-père. Comme tous les humains, les papas sont égoïstes, ils n'aiment pas trop voir grandir leurs enfants parce que c'est évidemment se voir vieillir soi-même. De leur côté, les enfants sont égoïstes, ils adorent se sentir grandir. Et aiment à le rappeler à leur papa ! Depuis Freud, on sait que les enfants doivent tuer le père ce qui est acceptable quand c'est rapide. Mais de là à le faire vieillir, c'est-à-dire mourir à petit feu, c'est sanguinaire...

Un mois plus tard, week-end chez vous :

— P'pa, il faut que tu m'achètes des tampons, je les ai oubliés chez maman !

— Des quoi ? (Re-blanc) Aaaah !...

Tellement vous ne savez pas comment oser demander, vous faites trois pharmacies pour en trouver une à peu près déserte. Coup de chance, à la troisième, il n'y a qu'une vieille dame qui se fait servir. Mauvaise pioche : elle sort de chez son toubib qui lui a fait faire un check-up avec toutes les analyses possibles. Elle brandit une ordonnance longue comme une liste de supermarché pour une famille de douze enfants. Pendant ce temps, derrière vous, la queue s'allonge. Rien que des femmes. Comme par hasard... Et la pharmacienne est toute seule pour servir. Ce qui l'énerve beaucoup, beaucoup...

— Oui ? vous lance-t-elle sans un sourire.

C'est effroyable. Vous avez l'impression de connaître toutes les femmes qui attendent derrière vous. Alors vous avez soudain une inspiration. Comme autrefois les hommes achetaient *Le Monde* pour cacher leur exemplaire de *Lui* ou de *Play Boy*, vous lâchez très fort en vous retournant avec un air avantageux :

— Une boîte de quarante-huit préservatifs Durex king size avec réservoir et picots stimulants !

Et puis, très vite, tout bas quand la pharmacienne revient :

— Et des protections périodiques...

La pharmacienne, très fort :

— En serviettes ou en tampons ?

Vous, la tête qui rentre dans les épaules jusqu'au nombril, genre ventriloque :

— En tampons, non ?

La pharmacienne :

— Je ne sais pas, monsieur, c'est pour vous. Pas pour moi !

Le nombril très convulsé :

— Des tampons alors...

La pharmacienne :

— Tampax, OB, Nett, vous avez une marque préférée ?

Le nombril de plus en plus entortillé dans ses réponses :

— Euh, je ne sais pas, Tampax !

La pharmacienne :

— Grande capacité d'absorption ou moyenne ?

Le nombril au bord de la hernie :

— S'il vous plaît, mettez-moi une boîte de chaque et qu'on n'en parle plus !

Quand les enfants vous prennent pour une tirelire ou un taxi

Ce qui est bien avec les enfants, c'est que dès qu'ils ont une idée à eux, ils s'y cramponnent. Surtout quand il s'agit d'acheter un pull, une paire de chaussures ou un troupeau de Malabars : ils vous font de la monomanie galopante. Le divorce bien maîtrisé par un gosse malin permet souvent d'obtenir d'un côté ce qu'on lui refuse de l'autre. Versa vice et vice versa. Avec un peu plus de vice sans doute. Mais c'est de bonne guerre.

Exemple parmi d'autres d'une scène banale entre un père moyennement perméable aux courants trans-mode et un fils dévasté par le conformisme prépubère. Vous au volant. Lui à l'arrière.

Premier feu rouge :

— P'pa, tu m'achètes une paire de Vans ?

C'est quoi encore, ce truc ? Généralement il s'agit d'une horreur américaine. Ou, plus sournois, un truc français à consonance US fabriqué dans le Sud-Est asiatique. La France qui s'avance masquée avec un faux nez américain fabriqué en Corée du Sud par des travailleurs thaïlandais immigrés qui ont moins de dix ans et sont payés avec une poignée de Carambar, faut le faire tout de même.

— Jamais, tu m'entends ? Jamais !

Deuxième feu rouge...

— P'pa, tu m'achètes une paire de Vans ? Mais c'est vrai, quoi, tous mes copains à l'école en ont...

Non mais, faut voir la tronche des baskets en question. On n'arrive pas à comprendre comment ils arrivent encore à marcher. Avec ses dix couches de caoutchouc superposées, c'est plus des godasses mais une coupe longitudinale des plissements hercyniens d'une chaîne de volcans auvergnats dans un bouquin de sciences nat, niveau troisième D. Et en plus, c'est en couleurs...

— Jamais, tu m'entends ? Jamais !

Troisième feu rouge...

— P'pa, je voudrais vraiment que tu m'achètes une paire de Vans !

Finalement à un feu, vous pétez un plomb :

— Aaaaargh !

Vous accélérez à mort. Comme si votre fils vous avait fait une ponction lombaire avec une aiguille à tricoter à travers le siège de la bagnole. Vous défoncez le plancher pour actionner direct les bielles avec votre semelle. Vous explosez un chien, satellisez deux petits vieux et cramez les trois feux rouges suivants. Jusqu'à ce qu'une escouade de motards et une compagnie de CRS vous coincent contre un trottoir.

— Pourrais-je voir vos papiers s'il vous plaît, monsieur ?

Les jeunes flics qui n'ont pas encore eu le temps de faire des enfants, trop occupés qu'ils sont à courser les enfants des autres, adorent prendre un ton glacialement distancié avec le contrevenant père de famille roulant paisiblement dans sa Megane Scenic.

Là, généralement, c'en est trop. Vous vous écroulez dans les bras du flic. En larmes. Et vous lui trempez sa vareuse sur trois épaisseurs, veste, pull, jusqu'au maillot de corps. S'il ne court pas au commissariat s'essorer, il risque la pneumonie...

À force de composer avec vos enfants,
vous vous retrouvez quelquefois en état
de décomposition avancée...

Quand ils ont une idée, c'est bien. Quand vous, vous avez une idée, c'est déjà beaucoup moins bien. Car le truc qui n'est pas toujours facile à gérer avec les enfants, c'est leur versatilité. Le vendredi soir, vous négociez avec eux un week-end chez des amis qui ont des enfants à peu près de la même taille. Ils habitent une maison très sympa avec un très grand jardin bourré de balançoires et de brouettes pour distraire les nains.

Mais il y a aussi un circuit de Scalectrix, un jeu de Monopoly et des cassettes de Superman au cas où il pleuvrait. Vos enfants condescendent à maintenir leur approbation. Au téléphone...

Le lendemain, après avoir sonné trois coups chez votre Ex — le code convenu —, vous attendez dans la rue à côté de votre voiture, coffre grand ouvert. Prêt à charger raquettes, planche à roulettes, VTT... Et là, rien ne va plus. C'est la grande crise du marsupilami.

Parce que, entre-temps, votre fille Sophie a eu au téléphone Raïssa, sa copine libanaise, qui l'a invitée à une merguez-partie avec ses camarades du lycée. Elle veut y aller — oh, papa, je t'en prie ! Elle trépigne — dis oui, papa ! Elle vous fait carrément de l'épilepsie tressautante sur le parquet au risque de se coller une écharde dans la fesse gauche. À noter que c'est la même qui se tord sous la table quand vous lui servez des merguez-purée pour déjeuner. Mais bon... En tout cas, une de chute. Votre fils Éric, lui, doit travailler. Sa mère vient de s'apercevoir qu'il avait contrôle lundi à l'école et qu'il n'a rien révisé. Deux de chute. Et ainsi de suite...

C'est comme ça que vous vous retrouvez seul chez vos amis avec une demi-douzaine de gosses sur les genoux dont aucun n'est à vous.

Vivre vos vacances en solitaire mais avec enfants (ou quand vous jouez les bonnes à tout faire sans toujours faire très bien...)

Maintenant vous devez apprendre à vivre avec un mot qui jusqu'alors n'appartenait pas à votre vocabulaire de stakhanoviste du boulot : les vacances.

À part Noël qui est toujours aux tisons et Pâques au balcon, vous n'aviez jamais vraiment su quand tombaient l'Assomption ou la Pentecôte. Votre épouse gérait. Depuis, vous disposez d'un téléphone rouge avec le rectorat. Un an à l'avance, vous l'avez en ligne pour comparer le calendrier des congés scolaires et votre agenda. Et là, vertige... À moins d'être prof, rentier ou chômeur, personne n'a jamais disposé d'autant de loisirs. On vous avait dit qu'un enfant, ça a besoin de beaucoup de repos parce que grandir, ça fatigue. À ce rythme-là, ils sont partis pour mesurer deux mètres !

Paradoxalement, ce sont les petites vacances qui vous posent les plus grands problèmes. Vous êtes censé les prendre la moitié du temps. Si vous n'en avez qu'un, c'est encore jouable de s'inviter à droite à gauche. Mais à partir de deux, tout devient plus compliqué. Résultat, pendant une semaine, vos enfants se retrouvent claquemurés dans votre petit appartement à sauter partout sur votre moquette beige comme des puces sur le dos d'un lion. Ça, vous pouvez le faire une fois mais pas deux.

Il ne vous reste plus donc qu'à appeler tout le monde à l'aide : parents, amis, services sociaux de la mairie, SOS-Pères en détresse. Pour trouver des idées et des solutions — parce que vous ne pouvez pas toujours lâcher votre boulot —, style stage de foot ou de tennis, séjour à la montagne avec l'UCPA, atelier d'éveil à la poterie dans le Larzac, etc. Tout pour éviter le cauchemar d'Eurodisney où vous n'avez pas réussi à faire plus de deux attractions dans la journée, après vous être cogné des heures de queue devant Space Mountain ou le Grand Huit. Un plan à vous rendre fou. Si vous étiez un chat, le souriceau malingre, vous en feriez de la pâté. Même punition pour le Parc Astérix. Sauf que là, vous n'iriez pas vous frotter au petit Gaulois moustachu ou au gros plein d' potion...

Quand votre mère défait les valises de vos enfants, elle déballe aussi son sac...

Pour les grandes vacances, vous essayez d'éviter le bord de la mer chez les parents parce que vous imaginez d'avance les dialogues.

Votre mère ouvrant les valises des enfants et rangeant les affaires dans les placards, l'air pincé :

— Mmmmh, elle a oublié le haut du pyjama de Clotilde, les pantoufles d'Alfred et le ciré d'Ernest. Eh bien, c'est pas grave, comme d'habitude, je rachèterai... De toute façon, elle a toujours été comme ça. Désordonnée...

Elle, c'est — devinez qui ? — votre Ex qui s'en prend plein la tête mais qui a eu la sagesse d'être loin.

Dans un divorce, la belle-mère n'est jamais tendre avec sa bru sauf si cette dernière revient en chemise de nuit et corde au cou, genre bourgeoise de Calais. À noter qu'une autre ville de France peut faire l'affaire pourvu qu'il y ait la corde...

— Clotilde m'a dit qu'habituellement elle avait le droit de regarder la télévision jusqu'à 10 heures du soir. Je suis désolée de te le dire mais je trouve que ce n'est pas une façon d'éduquer les enfants, même si c'est celle de ta femme. 10 heures, c'est beaucoup trop tard pour une gamine de onze ans. Hier soir, elle a regardé, comment s'appelle-t-il déjà ce film, ah oui, *Neuf semaines et demie* jusqu'à la fin. Moi, au bout de « trois semaines et demie », je l'aurais déjà envoyée se coucher...

Pour éviter ce genre de discours, vous cassez votre tirelire et décidez de louer — selon moyens — un pavillon à Ploumardech (côtes de Bretagne), un trois pièces à Cap Peinard (sud de la France) ou une paillote à Bonijaccio (Corse du Centre). Tout confort, vue sur la nationale et surtout, le plus important, plage à proximité. Ce qui veut dire, pour les agences de location, la mer à portée de jumelles. Pour des jumeaux, c'est hors de portée. Sauf si on les accompagne en voiture.

À l'heure H du jour J du débarquement,
faut pas chercher le renfort côté enfants.
Tous des planqués...

Vous n'avez même pas transbordé les valises de toute la famille qu'après avoir fait le tour du propriétaire les enfants sont déjà remontés dans la voiture. Et piaffent pour que vous les accompagniez là où ils ont envie d'aller. C'est-à-dire à la plage ou au bar qui sert de QG à leur bande, à la pâtisserie, à la boutique de fringues ou de location de vélos-cross ou encore directement chez des copains qu'ils viennent d'appeler sur votre portable...

Pour ces vacances, préparez-vous à courir partout. Entre la leçon de tennis de l'aîné et le cours de natation de la cadette, l'aspirateur à passer et les affaires à repasser, le Monopoly à installer et surtout à ranger, les courses à faire avant que le marché ne ferme et le déjeuner à préparer avant que vos Gremlins, morts de faim, ne vous dévastent le frigo, sans compter les petits copains qui débarquent à toute heure du jour et quelquefois de la nuit si vous n'êtes pas vigilant, c'est marathon à tous les stades...

Insensible aux cris, vous ouvrez tous les volets, allumez le frigo que l'agence a oublié de brancher, déballez des palettes entières de tee-shirts que vous rangez dans les placards. Pendant ce temps, il y a cinq enfants sur le siège conducteur qui défoncent le klaxon. Il faut savoir qu'un enfant, ça n'aide jamais. Sauf quand on l'y oblige. Et en soufflant beaucoup. Dans ce cas-là, il vous déteste.

Passé treize ans, l'enfant vous prend à son service...

Vous n'êtes même pas arrivé qu'ils sont déjà repartis. Si vous avez amené un psy dans les bagages il vous expliquera que c'est un phénomène normal : l'enfant fuit la cellule familiale (infantilisante) pour courir rejoindre la bande de copains (valorisante). Vous voulez bien être un papa hyper-moderne qui comprend tout mais vous vous agacez tout de même un peu d'être planté comme un chauffeur d'autocar au terminus par des passagers pas vraiment reconnaissants que vous avez non seulement conduits mais dont en plus vous avez payé les billets. Même si c'est tarif jeunes...

Comme un fait exprès, où que vous alliez en vacances, il n'y a finalement jamais assez de copains ou de copines de leur âge pour « s'éclater ». Vous zonez dans tous les bars où ils se réunissaient l'année précédente, vous hantez toutes les plages où ils bronzaient leur ennui, rien n'y fait : ils se sentent seuls au monde. Et tous les câlins que leur papa peut leur promettre ne leur font ni chaud ni froid au cœur. Alors vous tancez votre fille, treize ans...

— Et Daphné, la fille des voisins ?

— Non mais, p'pa, tu l'as regardée ? Elle est débile grave...

— Ah bon, et à quoi tu vois ça ?

— Elle est toujours fourrée dans les pattes de son père !

— Ah ! je vois...

À peine tombée de son lit, votre fille se couche sur la plage

Il faut toujours faire confiance aux enfants. Même en plein désert ils trouveraient une source. Et pas qu'un mirage. Le lendemain, votre fille est déjà habillée et parfumée de haut en bas. À 9 heures du matin. Comme s'il était 9 heures du soir. Elle vibrionne dans le salon comme une abeille folle.

Vous, les cheveux dans votre bol de café :

— Tu vas où comme ça ?
— À la plage !
— Tu rigoles, le soleil est même pas encore levé !
— Parle pour toi, p'pa, et regarde par la fenêtre. Faut croire qu'il s'est couché plus tôt que toi...
— Ah bon, et comment tu vas y aller à la plage ?
— Damien vient me chercher...
— Damien, le grand blond qu'on a croisé hier au supermarché ? Il a déjà son permis celui-là ?
— Non, mais il a une mob...

Le Damien en question frappe à la porte. Une heure et demie plus tard. Entre-temps, votre fille a attrapé une conjonctivite à force de regarder sa montre. Il lui tend un casque et n'enlève même pas le sien pour vous saluer. Autant dire que le dialogue est rapide. Votre fille s'installe sur le porte-bagages en retroussant sa jupe jusqu'au nombril et enserre la taille de son partenaire comme si sa dernière heure était arrivée.

— Ça va, ça va, ma chérie, il ne va pas tomber !
— Mais, p'pa, tu m'as recommandé d'être prudente...
— Justement !

À force de repasser, vous commencez à avoir la mine chiffonnée...

Quel que soit votre prénom, oubliez-le. En vacances, pour vos enfants, vous vous appelez Firmin, Nestor ou Conchito. Tous les matins, vous avez les yeux qui vous sortent de la tête.

Jamais vous n'auriez pu penser qu'un enfant ce pouvait être aussi pagailleux. C'en est incroyable, vous traversez, une à une, les pièces de la maison et partout c'est la même plaine de désolation. Azincourt, Waterloo, le Chemin des Dames, les références historiques vous manquent pour décrire pareil désastre.

Dans la cuisine, c'est un cimetière de verres à moitié pleins, de bouteilles de Coca entamées et de paquets de Petit-Lu éventrés. La salle de bains est jonchée de cadavres de serviettes, de tubes dentifrice pas rebouchés et de shampooing répandu sur le carrelage. Et leurs chambres ! Un charnier de tee-shirts, de shorts et de chaussettes explosés partout. Soulevez le lit, il y en a autant en dessous. Les affaires sales chez les enfants, c'est comme les cafards. Quand vous en voyez une, il y en a dix derrière.

Au bout de deux jours de vacances, vous avez compris qu'un enfant, ça ne range jamais rien, ça n'éteint jamais une lampe, ça ne ferme jamais une porte, ça ne referme jamais un robinet et ça ne tire jamais la chasse d'eau. Et vous, vous n'avez plus qu'à enclencher la première pour jouer la voiture-balai...

En plus, un enfant, ça se salit beaucoup. Et ça s'en fiche. Avec un tee-shirt rouge de glace à la framboise, un pantalon marron de boue et des baskets pleines de sable, il peut regarder la télé des heures entières sans un battement de cils. Alors que vous, une goutte de vinaigrette sur votre chemise ou deux grains de sable entre les orteils quand vous enfilez vos chaussures en rentrant de la plage et vous appelez le SAMU.

Traces diverses de Nutella, ketchup, raviolis à la tomate, Danone aux fruits rouges ou même sang (nez, coudes, genoux), si vous aviez su, vous auriez demandé à l'agence une femme de ménage et à l'hôpital une infirmière. Maintenant, c'est trop tard ; il n'y a plus personne de disponible... Du coup, c'est à vous de vous démerder.

À votre droite, un tas de linge sale jusqu'au plafond. À votre gauche, une machine à laver. Au milieu, dans le tiroir de la cuisine, le mode d'emploi. Mais vous avez beau relire deux fois la notice écrite en douze langues dont le pashmani, vous n'êtes pas plus avancé. À côté, l'*Ulysse* de Joyce est lumineux comme un roman-photo de *Nous Deux*. Il y a des moments dans la vie où un homme appelle sa mère. Eh bien, vous y êtes.

Croiser le fer avec un polo blanc, ça laisse des marques

Ravie d'avoir retrouvé son petit garçon chéri qui a besoin de son aide, votre chère maman vous explique le coup des programmes, le truc des temps de séchage, le blanc et les couleurs, tout ça. Et d'un seul coup, vous revoilà dans le monde merveilleux de Whirlpool. Mais cette fois-ci, sans possibilité de vous en échapper parce qu'il n'y a pas de pressing au coin de la rue.

Cela dit, vous n'êtes pas peu fier quand le tambour cesse de tambouriner. Sauf que ce n'est pas tout de laver, il faut ensuite repasser. Vous êtes comme le furet de la comptine : « Il est passé par ici, il repassera par là... » Surtout repassera...

À ce moment de l'histoire, normalement vous dégainez le fer. Et vous vous apercevez que c'est une usine, sinon à gaz, en tout cas à vapeur. Et, comme votre chère maman est cette fois-ci aux abonnées absentes, vous n'avez d'autre solution que de vous lancer. À toute vapeur. Au bout d'un quart d'heure, c'est le hammam de la Grande Mosquée. On n'y voit plus à 10 centimètres.

Et votre fille qui passe la tête par la porte. Affolée. Une voix lointaine dans le brouillard :

— Papa, où t'es ?

Vous lui faites de grands gestes de sémaphore, genre gardien de phare à la pointe de Pen-March, une nuit bretonne sans lune.

Elle s'approche à tâtons.

— Mais, p'pa, c'est quoi ça, que tu repasses comme un furieux ?

Sourire embué du père derrière ses lunettes :

— C'est ton polo à rayures blanches et marron, ma chérie !

— Mais, p'pa, c'est quoi, cette histoire ? T'es en train de repasser mon polo de tennis. Et il était pas rayé, il était tout blanc...

— Aaah ?

Ce n'est pas tout de faire des gosses, encore faut-il les nourrir...

C'est un truc que vous avez entendu dire : les enfants, ça aime deux choses dans la vie, les frites et les pâtes. Pour les frites, vu qu'il n'y a pas de friteuse dans les placards, ce sont les enfants qui repasseront. Chacun son tour... En revanche, les pâtes, c'est pas compliqué. Vous prenez une petite casserole, vous la remplissez d'eau et de nouilles. Vous allez regarder les infos, c'est prêt. Le 6 minutes de M6 qui en dure 20, c'est le temps de cuisson idéal. Quand arrive le 20 minutes de pub qui en dure 6, vous vous précipitez à la cuisine pour soulever le couvercle. Toute l'eau a été absorbée. C'est donc qu'elles doivent être à point. Reste plus qu'à les décoller et à les mouler sur chaque assiette. Ce sont les enfants qui vont être ravis. Et fiers de leur papa.

Bon, d'accord, ils rajoutent du sel parce que vous avez oublié d'assaisonner l'eau et vous réclament un soupçon de crème parce qu'ils trouvent ça un tantinet compact. Une cuillère, deux cuillères... Une louche, deux louches ! Une jatte, deux jattes ! C'est incroyable ce que ça peut absorber comme matière grasse, les nouilles. La prochaine fois, vous louez une ferme avec des vaches laitières, en plein cœur du bocage vendéen...

— Alors, les enfants, elle est bonne, cette crème de nouilles ?

La bouche pleine, ils attendent de déglutir... pour répondre que c'est délicieux. Adorables chérubins merveilleusement élevés...

Et qui c'est qui en reprendra ? Ils attendent encore de déglutir. Pour répondre qu'un enfant bien élevé doit toujours avoir faim en sortant de table. Ne sont-ils pas craquants ? C'est attendrissant comme les Triplés de *Madame Figaro*.

Quand vos enfants font leurs premiers pas
dans la société de consommation,
ils ne sont pas intimidés...

Il faut savoir que chaque enfant a ses goûts et plus sûrement ses dégoûts. L'opposition parents-enfants, ça se manifeste d'abord à table, laquelle table, si l'on en croit les évangiles, devrait être un lieu de communion plutôt qu'un lieu de confrontation. Mis à part évidemment le cas de Judas mais c'est une autre histoire.

Le premier psy venu vous expliquera que c'est dans cette opposition que les enfants forgent leur caractère.

Vous voulez bien mais, en attendant, ils ne mangent rien ! Donc ils ne grandissent pas. Donc ils continuent à fronder. Les paroles de votre grand-mère : « Si tu ne finis pas ta soupe, tu resteras tout petit ! », grondent encore dans vos oreilles. Alors, inconsciemment, vous vous forcez à les gaver comme des oies périgourdines pour ne pas avoir en face de vous, quinze ans plus tard, un avorton rebelle qui se haussera sur ses talonnettes et criera : « Mort au père ! »

Préparer un repas pour plusieurs enfants relève du casse-tête. Il y en a toujours un pour « détester » ceci ou cela, genre « Non papa, je peux pas avaler ça, je vais vomir ! ». L'enfant fait toujours dans le superlatif. L'un déteste mais alors déteste la viande, l'autre c'est le fromage, un autre encore les champignons, etc. Pratique quand vous achetez une pizza Royale surgelée jambon, champignons, fromage...

Parfois il leur arrive de nourrir une soudaine passion commune pour la dernière sucrerie lancée sur le marché qu'ils ont découverte à la télé, au rayon pub. C'est ainsi que vous avez à peine rangé dans les placards de la cuisine les nouvelles céréales Chocopouf au riz soufflé dont ils ont bourré votre Caddy en vous accompagnant faire les courses que le soir même les étagères sont vides. Le lendemain, même topo. Vous ouvrez les placards : plus rien. Que des miettes...

Là, vous avez compris : avant leur arrivée, vous vous faites livrer une tonne de Chocopouf par le supermarché du coin qui débarque avec son camion et son chariot élévateur. Les placards n'en ferment plus. Le lendemain, même topo : les placards ne ferment toujours pas. En réalité, vous n'avez rien compris : les enfants détestent maintenant les Chocopouf, ils veulent des

Craquomiel aux fruits secs. Avec les vignettes Rachomon à découper pour leurs albums.

Avec les enfants, c'est pas toujours facile de passer l'éponge...

Trois heures du matin. Hurlements derrière la porte de votre chambre. C'est le petit dernier. En larmes. Vomi partout, il dit. Vous tombez de votre lit. En avalant vos pantoufles et chaussant votre dentier. Et vous croyez vous montrer bon père en lui tapotant la tête genre « C'est pas grave mon fils, ça arrive à tout le monde de boire trop de Blédina, ah, ah, ah. Un petit coup d'éponge, ah, ah, ah, et on se rendort ».

Sauf qu'entre deux rafales de sanglots votre fils vous explique qu'il y en a vraiment partout. *Même dans ses cheveux*. C'est là que vous regardez vos doigts comme si c'était la main du diable. Effectivement, ils sont poisseux à mort.

Une fois dans la chambre de votre fils, c'est *Apocalypse now* en Kinopanorama. Plein le lit. Plein le tapis. Plein partout. La pelle et le balai, ça ne suffit pas. L'éponge non plus. Un pack de six rouleaux de Sopalin super-absorbant, le septième gratuit, en vient à peine à bout.

Dans la baignoire, vous lavez le bébé, le pyjama, les draps, la couverture, le tapis... Pincez-moi, je n'ai rien oublié ? Si, la table de nuit, la fenêtre, la porte et le plafond !

Le lendemain, au petit déjeuner, il est vert pomme. Vous l'avez à peine forcé à avaler son bol de chocolat qu'il se précipite dans l'évier de la cuisine. Là, c'est moins grave, c'est du carrelage. Mais, bon, vous avez compris : c'est l'annuaire et allô docteur. Avec une annonce-micro : « L'enfant qui a touché aux clés de la voiture est prié de les rapporter à son papa qui l'attend près de l'entrée... » Il faut savoir que dans une cité balnéaire un toubib ne se déplace jamais, il consulte...

Après l'interlude gastronomique, le moment de la « gastro »

Quand l'assistante vous fait entrer dans la salle d'attente, c'est la cabine des Marx Brothers dans *Une nuit à l'Opéra.* Genre pont de troisième classe. Bondée de mères tragiques qui étreignent des enfants en bermuda et tee-shirt à rayures, de vieillards en tongues qui éternuent en serrant une carte Vitale qui ne leur sert à rien. Vous hallucinez : comment autant de gens aussi bronzés peuvent-ils être aussi malades ?

Il ne vous reste qu'à vous asseoir à même le carrelage pour chercher la réponse. Votre petit Raphaël, lui au moins, il ne trompe pas son monde. Il est jaune vif. Ou plutôt jaune plus mort que vif. S'ensuivent 90 minutes d'attente pour 3 minutes de consultation. Et un chèque de 200 francs pour enrichir votre vocabulaire d'un nouveau mot : gastro-entérite. « Gastro » pour les intimes et les mères de famille qui connaissent bien mieux ça que nous, les pères.

On résume pour les papas largués qui n'ont pas encore lu jusqu'au bout le mode d'emploi : c'est une maladie où les enfants se vident comme une chasse d'eau. Vous, devant la porte des W.-C., tête de pietà blanchâtre et anguleuse comme Zurbarán (1598-1664) savait si bien les peindre ne sachant que faire devant le supplice qu'endure votre fils. D'autant plus que cette fichue maladie est effroyablement contagieuse.

Reste plus qu'à sauter dans votre automobile avec votre ordonnance, direction la pharmacie. Mais vous pouvez bien revenir avec des médicaments plein votre coffre, c'est déjà trop tard. Les aînés sont enfermés à double tour dans les toilettes.

Toute la journée, ils vont se traîner. Ils auront la couleur des méduses, la vivacité des méduses mais ce ne sont pas des méduses. Ce sont vos enfants qui auront tout de même — mais tout juste — l'énergie de ramper jusqu'à la télé pour se brancher sur le feuilleton américain de TF1 en access prime time. On peut être malade, on n'en reste pas moins un enfant.

Et vous, vous êtes bon pour vous écrouler sur la terrasse. Et regarder au loin la mer qu'on voit danser avec ses golfes clairs. Épuisé. Genre aux larmes et cætera.

Ecstasy + pédophiles + chauffards, vous tremblez toute la soirée

Il n'y a pas un soir où vous ne vous battez avec votre fille pour exiger d'elle qu'elle rentre à 9 heures précises de ses sorties.

— Mais, paaapa, j'ai plus dix ans !

— Non, t'as raison. T'en as onze...

Soudain seul, vous vous sentez affolé par le poids de vos responsabilités. Là, vous faites pilote et non plus copilote. Du coup, vous en rajoutez sur la conduite à tenir :

— Avec qui sors-tu ce soir ? Que font les parents d'Éric, tu m'as bien dit qu'il s'appelait Éric ? Où allez-vous prendre un pot ? Vous êtes combien dans votre bande ? Qu'est-ce que vous buvez au bar ? Vous allez faire quoi après ? Donne-moi l'adresse, je te laisse jusqu'à 10 heures mais 10 heures précises !

Cent questions pour calmer votre inquiétude. Car vous voyez déjà votre enfant droguée à l'ecstasy versé dans son verre de Coca et enlevée par des trafiquants pédophiles, souvent de nationalité belge. Vous l'imaginez s'éclater la tête en tombant de son vélo-cross avec un trente-huit tonnes derrière qui lui roule dessus parce qu'il l'a vue trop tard dans ses phares. Ou même faire de l'auto-stop sur l'autoroute pour rentrer chez sa mère parce que vous avez refusé l'après-midi même de lui acheter sa troisième minijupe Kookaï.

Autant dire qu'à 10 heures pile, vous déboulez dans un hurlement de pneus. Pour la voir disparaître dans un rugissement de fureur. Reste plus qu'à la chercher. Pas un parent à l'horizon. Juste des enfants, tous écroulés dans des canapés. Musique à tue-tête et bougies mourantes. Vous errez dans les couloirs, poussant des portes. C'est dans le jardin, derrière un pin parasol, que vous la retrouvez. Au bras d'un petit brun à mèche qui ressemble à un chanteur à la Croix de Bois recyclé Boys' band : Éric... qui vous prend la main. Avec componction. Comme si vous aviez mille ans.

Votre fille boit du Fanta orange, n'est même pas décoiffée et n'a pas sa robe sur la tête. De plus, le petit Éric s'avère très sympa. Comme le pin parasol d'ailleurs...

Sur la route du retour, vous avez vraiment mille ans...

Quand la fumette vous sort par les oreilles...

Stupeur quelques jours plus tard. Vous traversez la chambre de votre fils aîné (quinze ans) et, en redressant machinalement une chaise renversée, vous ramassez une pochette de papier à cigarettes. Question à votre fils avachi sur un transat :

— Dis moi, Arnaud, c'est quoi ce papier à cigarettes que j'ai trouvé dans ta chambre ?

— Oh, ça ? Laisse béton, c'était pour faire une expérience. On a fumé des feuilles mortes...

— Des feuilles mortes ? Tu me prends pour une bille ? On est le 12 juillet et il n'y a pas une feuille morte aux arbres. En plus, ce ne sont que des pins parasol à cent kilomètres à la ronde.

— OK, OK, bon, c'était pour Mathieu. On a acheté hier un paquet de tabac pour pipe.

— Et il est où, le paquet ?

— On l'a fini.

— Fini ? Vous l'avez acheté hier et vous l'avez déjà fini ? À trois !

— Mais, p'pa, tu sais, Mathieu il est vachement maladroit quand il les roule. En plus, il avait peur que tu nous surprennes. Alors ses mains tremblaient...

Là, vous avez les oreilles qui fument. Entendre des mensonges comme ça énoncés le plus tranquillement du monde par un gosse mollement étalé sur une terrasse avec Les *Inrockuptibles* sur la figure pour ne pas se prendre de coup de soleil sur le pif, ç'a de quoi agacer... Bien, il l'aura voulu : descente de police, perquise dans sa chambre, poches de pantalons et de chemises retournées. Et là, personne ne bouge :

— Dis-moi, Arnaud, quand tu te vautres dans la terre

glaise, comment tu arrives à en avoir jusque dans la poche de ta chemise. En plus roulée en boule et enveloppée dans du papier Kraft.

— Mais, p'pa, c'est pour pas en mettre partout et que tu nous engueules. Regarde, pour le sable, c'est pareil : quand on remonte de la plage on le transporte toujours dans nos chaussettes de tennis, tu nous le fais assez remarquer. On est précautionneux comme qui dirait...

En plus il se fout de votre gueule... C'est du shit ! Du shit sous votre propre toit à vous, vous qui suez sang et eau (gazeuse avec un peu de whisky, pas de glaçons, merci !) pour élever vos enfants dans la dignité des valeurs républicaines. Qu'avez-vous donc fait à Jules Ferry pour avoir ainsi enfanté des petits monstres qui préfèrent tâter du chichon que téter le biberon ?

Aussitôt vous lancez une convocation générale sur un ton tonitruant de proviseur à lavallière qui veut voir tout le monde dans son bureau dans une heure précise, j'ai dit précise ! Votre fils en bascule de son transat...

Quand les enfants fument, les parents trinquent...

Sur la table du salon, vous posez lentement, méticuleusement votre saisie en douane : la pochette de papier à rouler et la boule de « terre ». Et vous regardez droit dans les yeux Arnaud, Mathieu et Adrien tout blancs sous leur bronzage. Arnaud qui commence à s'agiter sur son siège :

— P'pa, tu sais ce qu'il nous a dit, le prof de français ?

— Quoi, tu veux me parler du petit brun avec les cheveux jusqu'aux omoplates qui remplace M. Duroc depuis qu'il s'est fait une triple fracture de la jambe en classe de neige ?

— Oui, Jojo...

— Parce que en plus tu l'appelles Jojo ?

— Non, je veux dire M. Zemmour. Eh bien, M. Zemmour dit que le verre de whisky que tu te tapes quand tu rentres le soir, c'est deux fois plus mauvais qu'un joint !

— Mauvais ? Mais pour vous raconter des conneries pareilles, c'est qu'il n'a jamais goûté un vrai bon pur malt... Je vais lui faire des couettes moi, à ce freluquet !

— À ta place, je m'y risquerais pas parce qu'il a plein de frères qui ont pas l'air sympa. Il nous a sorti aussi le sketch de Coluche avec le père alcoolique qui fait la leçon à son fils parce qu'il fume des joints. C'était trop cool...

— Trop cool, ah vraiment mais j'hallucine ? De mon temps, excuse-moi, Arnaud, mais les profs enseignaient Molière à l'école, pas Coluche...

C'est incroyable aujourd'hui le culot des enfants. Impossible de leur faire la morale, ils ont réponse à tout. Vous vous dites que tout ça, c'est rien que de la graine de maison de correction... Ah ? ça n'existe plus ? Bon, eh bien, on leur administrera une correction à la maison. Car pas question de jouer les soixante-huitards attardés, il est de votre devoir de restaurer l'autorité du père.

Donc, vous les admonestez grave. Donc, ils jurent évidemment qu'ils ne recommenceront pas. Donc, vous n'en croyez évidemment pas un mot. Et toutes les nuits, vous êtes bon pour mettre votre réveil à 4 heures du mat' pour aller, en catimini, faire les poches des chemises et des pantalons qui jonchent leur chambre, la salle de bains (et le couloir entre la chambre et la salle de bains). Vous ne trouvez rien. Ce qui vous laisse pensif : avec les ados, tous les pères vous le diront, c'est pas toujours facile de trouver le joint...

Les jours de pluie sont détestables pour le moral et le portefeuille

La pluie est propice au shopping. Le mauvais temps ne ruine pas que le moral. Vous êtes donc bon pour vous retrouver dans le magasin de fringues-mode de la station. Comme votre mère l'aurait dit, c'est à croire qu'ils ont tout oublié. Il leur faut des polos, des pulls et surtout des chaussures de tennis (si, papa, je t'en supplie). Pas de raison pour qu'en vacances on perde les bonnes habitudes de l'année...

En dix minutes d'essayage, des vêtements, il y en a plein la cabine. Les essayer, c'est les adopter... Simple. À entendre vos enfants, tout leur va et ils veulent que vous achetiez tout ce qui leur va... Si vous dites que c'est horrible, ils se roulent par terre. C'est fou ce qu'un enfant trépigne quand on le contrarie. Le plus affolant, c'est de constater que tous les enfants dans le magasin ont acheté les mêmes polos, les mêmes pantalons et les mêmes paires de tennis. Et se ressemblent tous. En sortant, bien faire gaffe à ne pas embarquer par mégarde les enfants du voisin.

Vous voulez que je vous dise, pour un homme, hormis la douleur de la séparation, un des vrais problèmes du divorce, dont on ne parle pas assez, c'est de savoir résister à des enfants qui vous obligent à choisir entre un tee-shirt Rip Curl ou Quicksilver imprimés de motifs aussi laids l'un que l'autre. On ne résiste pas. On achète les deux !

Penser à refaire sa vie (ou quand on s'aperçoit soudain qu'il y a six milliards d'individus sur terre dont plus de la moitié de femmes...)

Chez les hommes, il y a trois types de comportements face à un divorce. Le névrotique, le boulimique et le pragmatique.

Le névrotique se cadenasse chez lui. Il ne veut voir qu'Elle, autant dire qu'il ne verra jamais personne. Il lit du Marguerite Duras sous sa couette à la lueur d'une lampe de poche, écoute du Pascal Obispo et mange de la choucroute William Saurin réchauffée au micro-ondes. Ce garçon-là ne terminera pas l'année.

Le boulimique est toujours dehors. Il lui faut toutes les filles. Il en sort tous les soirs une nouvelle au restaurant et dort toutes les nuits chez elle. Il passe la moitié de ses journées au téléphone à rappeler ses conquêtes de la veille et l'autre moitié à baratiner celles du lendemain. Ce garçon-là, s'il ne s'achète pas un organizer Palm Pilot VIII, va exploser en vol.

Le pragmatique vit équilibré. Il se dit que, certes, sa femme est unique mais qu'à la réflexion ce n'est pas la seule. Il sort avec des filles belles ou intelligentes ou sexy. Quelquefois, les trois à la fois. Mais qui n'ont qu'un défaut : elles ne ressemblent pas à sa femme. Alors, en attendant, il fait son jogging tous les matins pour évacuer l'adrénaline et prend des vacances au soleil pour activer la mélamine... Ce garçon-là, s'il ne meurt pas d'un infarctus en bronzant est bien parti pour être à nouveau heureux.

Le problème, c'est qu'en période de divorce l'homme est toujours un pragmatique qui fait de la boulimie névrotique...

Où l'homme renonce avec grandeur d'âme à lutter pour la parité...

En ouvrant les yeux, vous faites cette découverte sensationnelle. Ces femmes qui réclament à cor et à cri partout la parité, voilà qu'en France elles sont plus nombreuses que nous les hommes à se retrouver sur le carreau entre trente-cinq et cinquante ans. Il paraît que c'est l'espèce qui veut ça.

Va-t-on pour autant, nous les hommes, balancer des propositions de loi sur tous les pupitres de l'Assemblée et des prospectus sous tous les essuie-glaces de voiture pour protester ? Jamais ! Nous, on subit notre infériorité numérique en silence. Et, j'ajouterai, dans la dignité...

Effectivement, au fil des sorties, vous vous apercevez, stupéfait, du nombre de femmes seules et libres autour de vous. Quand vous étiez installé dans votre couple pépère, rencontrant d'autres couples mémère, vous n'y prêtiez guère attention. Maintenant, vous êtes sidéré.

Mais, vous voulez que je vous dise, pour un homme, hormis la douleur de la séparation, un des vrais problèmes du divorce, dont on ne parle pas assez c'est comment faire pour rencontrer des filles quand on fait trente-cinq heures par semaine. C'est-à-dire qu'on déboule au bureau à 9 heures du matin et qu'on en sort à 8 heures du soir. Cinq jours sur sept. À ne pas répéter à Martine A., évidemment...

Dans les dîners aux chandelles, c'est vous qui tenez la chandelle...

Dans ces circonstances-là, faut pas trop compter sur les amis du couple. Tant que vous n'êtes pas officiellement divorcé, ils se cantonnent dans un prudent attentisme. Un homme seul, ça bouscule les plans de table des dîners en ville. Il faut réfléchir avec qui on va l'inviter. Ça phosphore sec : Mathilde ? Christine ? Sophie ? Non, non, non, on est sûr que ça ne collera avec aucune d'entre elles... Trop jeune, trop vieille, trop mondaine, trop intello, etc. Et vous, depuis votre séparation, trop misogyne.

La vraie raison, c'est qu'on se complique moins la vie en invitant un couple que deux célibataires. Déjà, il n'y a qu'un seul coup de téléphone à donner... L'autre raison, c'est qu'un célibataire dans un dîner de couples c'est toujours inquiétant : imaginez qu'on vous destine votre voisine de droite et que vous préfériez la fille de gauche, celle dont le mari vous guette à l'autre bout de la table, bavant comme un pitbull de la cité du Val-Fourré. C'est tout le dîner qui est fichu.

Et voilà comment vous vous retrouvez tout seul devant votre plateau-télé !

Mais, heureusement, il y a de vieilles copines pour vouloir à toute force vous fourguer leur meilleure amie. À les écouter, c'est toujours la femme de votre vie. Belle, intelligente, drôle. Et divorcée, elle aussi. Avec deux ou trois enfants généralement. C'est là que vous sortez votre calculette. De votre côté, il y en a généralement deux ou trois aussi. Vous avez beau compter et recompter, ça donne toujours au total entre quatre et six, si vous n'en avez oublié aucun. Rien de plus vertigineux pour un homme quand il est en pleine période de séparation. Sauf s'il est maître d'école ou gérant d'un magasin de jouets Toys R' Us...

Restent donc les hasards de la vie professionnelle. Là encore, les statistiques sont étonnantes : 75 % des mariages se font suite à une rencontre dans le cadre du boulot. Et ce ne sont pas seulement des P-DG qui épousent leur secrétaire. Dans l'ensemble, l'homme n'est pas assez maso pour permettre à une femme de vérifier à la fois son agenda professionnel et personnel. Même s'il n'a rien à cacher...

Rassurez-vous sur votre avenir matrimonial, les cas les plus désespérés sont parmi les plus beaux !

Quand il se fait larguer par sa femme, le mari est certain qu'il n'en retrouvera jamais une autre comme elle. L'expérience prouve que tout le monde finit par se recaser. Au fil des mois et des rencontres, on tombe sur une fille qui est mignonne, intelligente, sexy. Et sans la moindre ressemblance avec sa future Ex-épouse. Pourtant on a l'impression d'être bien avec elle. Et là, c'est une question qui interpelle quand on est en plein divorce.

À quel moment il s'agit d'amour ? D'ailleurs, c'est quoi l'amour ? Est-ce quand on s'accorde sur les mêmes gestes pour se faire du bien, les mêmes mots pour se dire du bien ? Quand on ne se pose plus la question de savoir tout simplement si on est bien ? Si on le savait, on se sentirait mieux...

À force de conversations à table qui commencent par un échange de vues sur « Quelle politique pour la France au Proche-Orient ? » ou « La place de la femme dans une société moderne » pour dériver sur des sujets plus ambitieux comme « Où t'étais hier soir ? », « Il faut que t'ailles chez le coiffeur », « Ton nœud de cravate est de travers », s'installe comme une complicité. Tel est le pouvoir des mots et des gestes du quotidien, ceux-là mêmes qui font naître l'amour et finissent, à la longue, par avoir sa peau...

Vous voulez que je vous dise, pour un homme, hormis la douleur de la séparation, un des vrais problèmes du divorce, dont on ne parle pas assez, c'est qu'on redit toujours les mêmes mots quand on est amoureux. À vingt ans, on pense qu'on répète sa leçon. À quarante ans, qu'on rabâche. À cinquante ans, qu'on radote...

Le Français moyen tourne autour de six cents mots de vocabulaire, l'amoureux moyen cent fois moins. Et il n'y a personne pour s'alarmer de ce que le lexique sentimental se situe largement en dessous du seuil de pauvreté. À part la trilogie de base genre « chéri(e) », « mon amour » ou encore « mon bébé », standards qui peuvent se croiser comme les petits pois de Mendel pour donner du « bébé chéri », « amour chéri », etc., il reste les noms d'animaux classiques pour les soirées les plus chaudes (mon tigre, mon lion, mon lapin, etc.). Et, bien sûr, les noms d'oiseaux pour les scènes de ménage. Un précis animalier peut considérablement vous aider à travailler votre communication.

Et voilà comment on repart pour un tour de manège...

Lorsqu'une auto miniature rentre en collision avec un soutien-gorge, ça fait des dégâts...

Quand votre fils de quatre ans cherche une de ses voitures, c'est toujours sous votre lit qu'elle se trouve. Sauf que là, il vous brandit un soutien-gorge soie et dentelle de marque Aubade, en hurlant comme à la foire quand il attrape un poisson à la pêche à la ligne. Vous entendez déjà la voix de votre future Ex-épouse au téléphone. Il faut savoir qu'un petit monstre, ça voit tout et ça répète tout. De préférence à sa mère.

Dorénavant, quand la copine sort de chez vous, vous passez votre chambre au napalm pour ne laisser aucune trace. Et vos préservatifs vous les planquez dans une paire de chaussettes que vous planquez dans une chemise que vous planquez dans une veste que vous planquez dans le tas de linge sale. Et que vous finissez par laver par inadvertance...

Tous les psychologues vous expliqueront qu'il ne faut pas présenter vos copines aux enfants tant que la relation n'est pas sérieuse. L'enfant aime l'ordre : papa et maman, pas papa sans maman. Encore moins papa avec Catherine, papa avec Sarah, etc. Et si vous changez de copine un peu trop souvent, il a tendance à trouver ça désordre. Après, il se gourre dans ses calculs d'arithmétique...

Et votre future Ex-épouse, est ce qu'elle leur a présenté l'Autre ? L'a-t-elle installé chez elle ? Se précipitent-ils pour l'embrasser le soir quand il pose manteau et attaché-case ? Dînent-ils tous ensemble ? Se permet-il de les tancer sur leurs carnets de notes que vous n'avez pas encore signés, en se gobergeant, le petit doigt en l'air, dans le service d'assiettes que votre grand-tante vous avait offert pour votre mariage ?

À la réflexion, ce doit être un type très pantouflard. Le genre à avoir des gestes mesurés, des propos équilibrés et à voter Bayrou parce que c'est ni trop à droite ni trop à gauche. Juste au centre. Un type qui a une paire de charentaises dans la tête, c'est peut-être rassurant. Elle se dit qu'à défaut de ne pas avoir froid aux yeux, il n'attrapera jamais de rhume de cerveau...

Même s'il y en a une autre qui a commencé à se lover dans votre vie, il y a des soirs où vous ne croyez plus en rien ni en personne. Aux grands maux, les grands mots. Alors, vous y allez de votre formule : « L'amour, c'est l'impolitesse de l'espoir. » Un truc inventé par les hommes pour se faire croire qu'ils ne sont pas seuls au monde alors qu'on sait que l'espoir est toujours déçu.

Mais tout ça, c'est du bla-bla. C'est juste que vous ne savez plus comment vous vous appelez. La seule chose que vous voulez savoir, c'est que votre épouse porte encore votre nom. Mais pour combien de temps ?

ARRIÈRE-PROPOS

Passer chez le juge (ou comment tirer un trait sur son passé en essayant de ne pas se blesser)

Et puis vient le jour du Jugement dernier. Ce moment décisif où au tribunal de grande instance de sa ville, on va se promettre avec sa future Ex-épouse que « plus jamais ». Après s'être des années auparavant juré à la mairie que c'était « pour toujours ». Autres lieux, autres vœux.

Ce matin-là, vous avez un peu beaucoup de mal à vous lever. Le réveil vous explose la tête parce que vous vous êtes endormi si tard que vous vous demandez encore, assis sur votre lit, si vous vous êtes vraiment couché. Un coup d'after-shave, vous sautez dans vos baskets et votre automobile...

Couloir, portes, couloir, portes... Il faut déjà y arriver, au bureau du juge. C'est dingue ce qu'on peut se perdre dans les dédales d'un palais de justice et multiplier les faux pas. Sauf évidemment les gens qui bénéficient d'un traitement de faveur en étant escortés par deux gendarmes. C'est sans doute pourquoi, dans son infinie sagesse héritée de Salomon, de Saint Louis et de son chêne, la justice française a toujours aménagé dans ses palais une salle des pas perdus. Comment vous expliquer ? C'est comme un bureau des objets trouvés mais uniquement pour les pas perdus. Derrière un comptoir, il y a un ou plusieurs huissiers en uniforme qui vous indiquent comment retourner sur vos pas et vous y retrouver cette fois-ci...

Ne pas confondre conciliation et réconciliation

Faut-il préciser qu'avant le Jugement dernier, il y en a toujours un premier. Ça s'appelle la « conciliation ». Qu'on soit d'accord ou pas. De toute façon, on n'est là que pour se concilier, pas pour se réconcilier. Juste pour commencer à en finir chez un juge qui vous reçoit le nez dans ses dossiers et la main sur son code civil Dalloz à couverture rouge.

On attend. On attend. Au milieu de couples qui, n'ayant plus rien à se dire, en profitent pour se taire. Les avocats serrent leur dossier dans les bras, ce qui fait une grosse tache de couleur sur leur robe noire. Pour faire passer le temps, ils glissent des sourires à leur client. Des sourires entendus où il y a de la complicité avec un zeste de gravité. Cet exercice de style, quand il est réussi, est à l'avocat ce que le double axel avec triple boucle piquée est au patineur artistique. Une marque de grand professionnalisme toujours très appréciée du jury...

Le divorce par consentement mutuel, ce n'est jamais qu'une formalité. Le juge vous fait entrer. L'un après l'autre. Puis tous les deux ensemble. Il vous a à peine dit bonjour que déjà il feuillette l'air inquisiteur votre dossier. Pour une fois que vous êtes d'accord sur tout, il ne va pas semer la zizanie dans votre couple. Ce serait un comble. Donc, il enregistre. C'est la justice-magnétophone.

Dans le divorce pour faute, la tentative de conciliation, ce serait plutôt la justice-mégaphone. Avec un juge qui doit hurler pour se faire entendre des deux parties. Chacun crie, pleure, met la main sur le cœur. C'est *La Vérité si je mens*, en séance permanente et à guichets fermés. Au tribunal de grande instance, le film est nº 1 au box office.

L'éternel problème, c'est évidemment le problème d'argent. La pension alimentaire et la prestation compensatoire qu'il est du ressort du juge de calculer au vu des revenus de chacun. La justice étant machiste, elle s'appesantit généralement d'abord sur l'état des finances du mari.

Dans le bureau du juge, les chiffres volent bas...

Aux maris qui se croient futés, je signale que rien ne sert de coucher avec la chef du service comptabilité de l'entreprise pour se faire établir une feuille de paie de smicard. Le juge réclame les déclarations d'impôts. En plus, je ne voudrais pas être désagréable, mais elle est moche...

On passe ensuite à l'inventaire de vos biens : portefeuille d'actions, assurance-vie, appartement, maison de campagne, cylindrée de votre voiture. Tout ce que vous avez acquis à la force de votre poignet viril se résume maintenant à une addition de chiffres sur une feuille de papier. C'est sans doute cela qu'on appelle faire le bilan d'une existence...

Des comptes que refuse généralement d'avaliser votre future Ex-épouse qui conteste tout. Et balance sec : la non-déclaration d'un vieil héritage qui dort depuis des années sur un compte en banque (en se réveillant tout de même de temps en temps, histoire de faire des petits...). Les étrennes de votre arrière-grand-mère dont vous êtes l'arrière-petit-fils préféré et qui vous gâte particulièrement à Noël depuis qu'elle a pour son malheur rencontré Alzheimer, garçon pas très sympa dont elle a d'ailleurs oublié le prénom. La Jaguar d'occasion (1972, 4,2 L et 18 litres de super plombé aux 100 kilomètres) qui pourrit dans votre garage et vaut à peu près le prix d'une mobylette neuve avec les sacoches mais sans les décalcomanies.

Tout ça représente des sommes dérisoires mais l'accumulation de ces détails impressionne toujours un juge. Même si, connaissant l'ire de votre future Ex-épouse, vous avez pris soin de vous rendre à la convocation en tee-shirt troué, jean effrangé et pompes (noires) mal cirées.

À chacun son cinoche. Votre future Ex-épouse, elle, sait battre des paupières et tirer sur sa jupe pour cacher ses genoux. Extatique. Elle la joue Bernadette Soubirous en pleine vision et à la veille de prendre le voile. Qu'il se fasse avoir et lui donne le Bon Dieu sans confession, passe encore. Mais votre fric sans autre forme de jugement, ça non !

Si votre future Ex-épouse travaille — médecin, chef de pub ou encore propriétaire en province d'un magasin d'articles de mode qui s'appelle « Au vrai chic parisien » — elle a comme par hasard, cette année-là, les pires difficultés dans sa vie professionnelle. Elle est dans le rouge. Et pas le petit rouge frais et léger qui ne prend pas la tête, non, le bon gros rouge qui tache bien sur les relevés de banque.

En réponse, votre avocat fait mielleusement remarquer qu'avec sa Kelton en or à bracelet d'autruche, votre future Ex n'a pas l'air trop à plaindre. Et d'énumérer la liste des bijoux que vous lui avez offerts au cours de vos années de bonheur, du temps où elle vous appelait encore « mon caneton en sucre d'orge ». Des allégations prouvées par une série de photos qu'il étale sur le bureau où on voit votre future Ex couverte d'or. Étincelante comme ces madones mexicaines enchâssées et portées en procession par des péones en chemise et pantalon blanc pour la fête de l'Imaculada Concepción. Les clichés ont été pris au cours de soirées chez des amis et récupérées sur ordre de votre conseil dans les albums de famille. Ambiance, ambiance...

Vous serrez les poings,
le juge-arbitre compte les points...

À ce stade de la discussion, il est d'usage de se jeter à la tête déclarations d'impôts et bordereaux de banque. Il y en a plein le bureau. Les avocats relèvent leurs robes pour se mettre à quatre pattes. Et ramasser. Le juge-arbitre compte les points en essayant de ne pas se prendre un poing. On se bat pour une voiture qui a 102 000 kilomètres au compteur, un téléviseur noir et blanc dont Emmaüs ne voudrait même pas, un lot de vaisselle dépareillée qui ferait tout juste une bannette en vrac au début d'une vente aux enchères...

Vient enfin le point d'orgue du concert de hurlements : Votre future Ex-épouse sort de son sac une facture de pharmacien pour un flacon d'arnica qu'elle a été obligée de s'acheter suite à une claque que vous lui avez donnée. Et pas une petite. Elle en avait la joue verte. Là, vous vous étouffez. L'arnica, c'était pour votre fils quand il était tombé au square avec ses rollers...

Annexé à l'assignation à fin de divorce pour faute devant le tribunal de grande instance, on trouve l'inventaire numéroté des pièces communiquées par votre future Ex-épouse pour justifier son train de vie. Tout y passe : factures de loyer, EDF, France Télécom, carte de transport en commun, club de sport, école des enfants, leçons de piano pour Chloé et de judo pour Maxime. Il y en a généralement deux à trois pages avec beaucoup de factures concernant les enfants. Cela attendrit toujours les juges qui, pour être magistrats, n'en sont pas moins des pères ou des mères.

Au vu des pièces et des témoignages, le juge rendra son verdict, c'est-à-dire qu'il vous présentera la note que vous aurez à régler en plusieurs douzaines et douzaines de mensualités par tout moyen de paiement à votre convenance. L'atmosphère est si lugubre que vous vous croyez obligé de lancer un bon mot genre « C'est au montant de la pension alimentaire qu'on mesure les chèques d'un mariage »... Le juge vous regarde pardessus ses lunettes comme si c'était un gros mot. Et votre désormais nouvelle Ex-épouse se dit qu'elle a vraiment bien fait de demander le divorce...

Jeu, set et match, vous avez perdu la partie...

En marchant dans les couloirs à côté d'elle, si jolie dans son tailleur cintré, vous avez envie de lui dire qu'elle n'a jamais été si belle :

— Maintenant qu'on est enfin libres tous les deux, tu ne veux pas qu'on se marie ?

Elle a un petit rire crispé et dégage son bras très vite.

Pour rejoindre un homme qui l'attend au bas des marches. Elle se retourne juste pour vous lancer :

— On s'appelle mercredi pour les enfants !

Quoi ? C'est ça, lui ? Tout ça pour ça ? Vous vous attendiez à voir Brad Pitt, Tom Cruise ou encore Robert Redford. Et vous tombez sur un type qui ne ressemble à rien de connu ni de réellement original. Il ne porte même pas de pompes jaunes ou de panama blanc, il n'a ni cigare aux lèvres, ni petit tablier et aspirateur à la main. Sans doute pour l'avoir trop fantasmé, vous le découvrez aujourd'hui tristement banal. Oui, sauf qu'il y a « avantage dehors ». Un avantage décisif : c'est lui qui est en train de serrer dans ses bras votre nouvelle Ex-épouse. Et plus vous.

Jeu, set et match...

Il ne vous reste plus qu'à monter dans votre voiture et démarrer. Et vous fondre dans la circulation, c'est-à-dire au milieu de tout le monde. Votre nouvelle Ex-épouse n'est bientôt plus qu'un petit point noir qui se brouille dans votre rétroviseur. Machinalement, vous actionnez la manette d'essuie-glace arrière. Parce qu'il pleut fort dans votre tête. Comme dans le mauvais remake d'un film qui pourrait s'appeler *Un homme sans une femme*... Plus la voix off d'un connard qui vous chante dans les oreilles « chabadabada... ».

Vous voulez que je vous dise ? Pour un homme, hormis la douleur de la séparation, un des vrais problèmes du divorce, dont on ne parle pas assez, c'est qu'on se retrouve finalement seul.

Table

AVANT-PROPOS

LA PRÉSÉPARATION

LA SÉPARATION

L'APRÈS-SÉPARATION

ARRIÈRE-PROPOS

Ce volume a été composé et mis en pages
par ÉTIANNE COMPOSITION
à Neuilly-sur-Seine.

Cet ouvrage a été reproduit
et achevé d'imprimer sur Roto-Page
par l'Imprimerie Floch à Mayenne
en mars 2001

N° d'édition : 41476/01. N° d'impression : 51029.
Dépôt légal : mars 2001.
Imprimé en France